一片丹心向阳开

艺坛老兵阎肃的故事

阎宇○著

蓝天出版社
Blue Sky Press

图书在版编目（CIP）数据

一片丹心向阳开：艺坛老兵阎肃的故事/阎宇 著
. —北京：蓝天出版社，2010.7
ISBN 978-7-5094-0141-5

Ⅰ.①一… Ⅱ.①阎… Ⅲ.①阎肃一生平事迹 Ⅳ.
①K825.76

中国版本图书馆CIP数据核字（2010）第141129号

策　　划	金永吉
统　　筹	董和庆
摄　　影	冯凯旋　谭　超　郭幸福
责任编辑	薛　虹　孔庆春
排版设计	富连成社
出版发行	蓝天出版社
社　　址	北京市复兴路14号　邮政编码：100843
经　　销	全国新华书店
印　　刷	中煤涿州制图印刷厂北京分厂
开　　本	787×1092　1/16
印　　张	21.5
版　　次	2010年8月第1版
印　　次	2010年8月北京第1次印刷
印　　数	1-100000
定　　价	46.00元

一片丹心向陽開

艺坛老兵阎肃的故事

祝贺阎肃同志从艺六十年

徐才厚 二〇一〇年八月

　　中共中央政治局委员、中央军委副主席徐才厚上将出席观看阎肃作品音乐会时，给予阎肃同志高度评价。称赞阎肃同志是忠诚于党的军队文艺战士、德艺双馨的人民艺术家，为军队工作和国家文化事业作出了重要贡献。要求全军文化工作者都要向阎肃同志学习，做弘扬主旋律的排头兵，为提高部队战斗力、培育当代革命军人核心价值观、推动社会主义文化大发展大繁荣，努力工作，作出更大贡献。全军官兵都要像阎肃同志那样，忠诚党的事业，立足本职岗位履职尽责、建功立业。

2010年5月9日，中央军委委员、总政治部主任李继耐上将祝贺阎肃同志
80大寿。

中央军委委员、空军司令员许其亮上将和阎肃同志亲切交谈。

2010年5月9日，空军政治委员邓昌友上将祝贺阎肃同志80大寿。

文化部部长蔡武和阎肃同志亲切交谈。

　　2010年5月9日，中央军委委员、总政治部主任李继耐上将（右四），中央军委委员、空军司令员许其亮上将（右三），总政治部副主任杜金才中将（右二），空军政治委员邓昌友上将（左三）等领导为阎肃同志贺80大寿合影。

中央军委委员、空军司令员许其亮上将，空军政治委员邓昌友上将和在京的党委常委亲切会见报告团全体成员并合影留念。

人民艺术家阎肃同志

（代 序）

在全国全军正在广泛学习宣传阎肃同志先进事迹的时候，《一片丹心向阳开——艺坛老兵阎肃的故事》一书出版了。这对于关心军队文艺事业、熟悉和喜爱阎肃同志的广大读者来说，无疑是一件很有意义的大事、喜事。在此，谨对本书的付梓出版表示热烈的祝贺！

本书作者阎宇是阎肃同志的儿子，我和他有过几次交往，感到这位年轻人为人坦诚热情，有思想、有才华、有活力，也是阎肃同志的"崇拜者"。作者希望我为本书写个序言，我深感责任重大，欣然答应。

阎宇同志的这本书写得很好，脉络非常清晰，结构紧凑明快，内容丰富翔实。本书以阎肃同志人生旅程特别是艺术生涯为线索，通过一个个生动感人的故事、一幕幕鲜为人知的生活细节，全面展示了他八十年辉煌人生路、六十载孜孜艺术情，揭示了他矢志放歌时代、高扬主旋律的强烈责任感和在艺术道路上勤奋刻苦、不懈求索、永不满足的精神。读了这本书，我们不仅能够领略作者文笔的细腻晓畅，语言的幽默风趣，更能够从多个侧面、多个角度走近阎肃、认识阎肃，了解他的人生经历和心路历程，了解他成功背后鲜为人知的故事，更深切地感受他崇高的人格魅力和艺术魅力。相信每位读者都会喜欢这本书，都能从书中得到感悟、受到启迪。

阎肃同志是一位德高望重、德艺双馨的人民艺术家，是忠诚于党的军队文艺战士，也是一位与时俱进的时代先锋。我是阎肃同志艺术创作辉煌历程的经历者。我在年轻的时候就非常喜爱他的作品，在近几年的工作交往中，我对他有了更加深切的了解。我对他的人格很敬佩，更为他以弘扬先进文化为己任的执著追求和不懈奋斗精神深受感动。

60年来，作为中国人民解放军空军政治部文工团创作员，阎肃同志始终与伟大祖国的发展同行，与人民群众同呼吸共命运，矢志不渝地讴歌主旋律，80岁高龄依然活跃在文艺工作第一线。他先后创作了1000多件文艺作品，获得100余项国家和军队文艺大奖，参与策划或主创了大型音乐舞蹈史诗《复兴之路》、央视春晚、全国双拥晚会等100多场重大文艺活动，多次受到党和国家领导人的接见嘉勉。60年来，他创作的一部部红色经典犹如一道道亮丽的风景，鼓舞和激励了几代人；他艺术生涯的累累硕果，成为伟大时代阔步前进的艺术标记和我们这个民族弥足珍贵的精神财富。

有人把阎肃的艺术成就称作"奇迹"。我认为，"奇迹"的诞生绝非偶然。只要我们了解他不平凡的艺术道路，走进他丰富博大的内心世界，就不难发现他创造"奇迹"的奥妙所在。

阎肃同志对党有着深厚的感情，无论任何时候任何情况下，都坚定地爱党信党跟党走。记得他曾说过，他这一辈子做了6个正确选择：一是离开修道院去南开中学读书，二是在涌动的时代大潮中做进步青年，三是新中国成立后放弃学业投身新民主主义青年团工作，四是服从分配从前台到幕后搞专业创作，五是下部队当兵锻炼，六是"文革"期间有人劝他脱掉军装并委以重任，他坚决回绝。这些在关键时刻作出的选择如同一把把火炬，照亮了阎肃同志的人生道路，并最终铸就了他对党的矢志忠诚和坚定信仰。"一片丹心向阳开"，这高昂的歌声是阎肃笔下革命者发出的铮铮誓言，也是阎肃的人生主旋律。

1991年，苏联解体后，世界社会主义运动处于低潮。就在这个时候，阎肃同志受领了歌剧《党的女儿》的创作任务。他把对党的一腔热血化作跨越时空的激情诗行，生动刻画出一位面对严峻考验坚守理想信念的普通党员的光辉形象。《党的女儿》上演后，在社会上引起巨大反响。观众盛赞该剧是一曲中国共产党人的正气歌，是一堂撼人心魄的生动党课。

让每一首军歌成为激励官兵的号角，是阎肃同志坚持不懈的艺术追求。他最爱穿的是军装，最爱去的是军营，最爱写的是军歌。他无数次上高山、下海岛、走边防，足迹踏遍了空军几乎所有类型的单位以及其他军兵种的部分部队，写出的《我爱祖国的蓝天》、《军营男子汉》、《长城长》、《我就是天空》、《云霄天兵》等军歌，抒发了革命战士爱国报国、乐于奉献的壮志豪情，充溢着军人的阳刚之美、英雄之气，成为军营传唱不衰的红色旋律。

他创作的题材极为广泛，不仅写军营、唱官兵、吟颂党和国家军队的大事，还把敏锐的笔触伸向社会各个领域，聚焦群众关注的热点问题。为电视连续剧《西游记》创作的主题歌《敢问路在何方》，不仅唱出了唐僧师徒西行取经的韧劲，更唱出了国人在改革开放之初勇于探索的闯劲。为央视纪念《商标法》颁布10周年晚会创作的"打假"题材歌曲《雾里看花》，竟被他写得那样唯美、朦胧、富有哲理，让人回味无穷。《变脸》和京腔京韵系列歌曲，则以浓郁的"中国风"展示中华文化的魅力。这些风格各异、脍炙人口的经典之作，无不彰显民族特色、弘扬传统文化、紧扣时代脉搏。贯穿其间的不仅是阎肃同志深厚的艺术造诣，更是他高尚的社会责任感和执著的人文情怀。

年年岁岁，阎肃同志从火热的生活里，从一座座飘扬着英雄旗帜的军营里吮吸艺术的甘泉。他常说，阅历即财富，没有速成的艺术品，必须下功夫积累。可以说，阎肃正是把自己几十年来丰厚的人生体验沉淀入心，才酿出了一首首醇美的歌。

上个世纪五十年代末，组织上安排他到基层当兵锻炼，他倍加珍惜这个难得的体验生活机会，老老实实地当兵，很快融入连队，与官兵打成一片，在军营的熔炉里"烧了又化、化了又烧"，足足待了一年半，打下了扎实的生活功底。他满腔热情地拥抱生活，生活也无私地赋予他艺术创作的灵感和激情。在创作歌剧《江姐》时，他四下江南、两度入川，采访了江竹筠烈士的20多位亲人和战友。这些所见所闻与他解放前在重庆的亲身经历相互交织，饱含爱憎、浸透血泪的文字喷涌而出，一个铁骨铮铮的江姐形象跃然纸上。

歌剧《江姐》一上演即引起轰动，创造了一年内演出257场、5次复排演出500多场的纪录，堪称新中国历史上影响最广、传唱最久的红色经典，树起了民族歌剧的重要里程碑。剧中所展现的"红岩精神"，已成为激励一代又一代中华儿女不懈奋斗的强大精神力量。毛主席观看《江姐》后给予高度评价，并亲切接见了阎肃同志。2008年中国歌剧高峰论坛发行的纪念邮票精选出中国歌剧80年的8部代表作品，《江姐》和《党的女儿》均在其中。

思想的厚度成就艺术的高度。阎肃同志巨学多才，博采众长，他深厚的理论素养、扎实的生活积累、厚重的文化底蕴和艺术素质，在文艺界众所公认。他的作品融思想性、艺术性和民族性于一体，在恢弘的主题和深邃的意境中体现出深沉的历史感和开阔的视野，具有豪迈博大的气象，可以说是"饱蘸沧海风云，书写时代旋律"。他的作品大雅归俗、大俗近雅，寓意深隽而文字精妙，匠心独运且浑然天成，既有"下笔便有绝尘之句"的惊叹，又有"绚烂之极归于平淡"的质朴生活气息。他善于用摇曳多姿的赋体手法拥抱多种题材，以雄浑典雅、丰赡明朗的艺术风格独树一帜。

古人说"吟安一个字，拈断数茎须"。阎肃同志是一位勤奋的耕耘者，不少精品佳作都是他多年思考和积淀的结晶。在创作中，他常常为一句歌词揣摩几个星期，为一个字茶饭不思。每一首歌词的背后，都是多少个辗转反侧的日日夜夜。这种追求卓越、精益求精的精神和作风，使得他的作品不但一经推出即广为传唱，而且在漫长的岁月中经得起历史的检验。捧读他的一部部经典之作，我不由感慨：打磨作品，他也在打磨着自己的人生；投入作品，他投入的是整个生命。正因为如此，他才成为艺坛了不起的"常青大树"。

在艺术上常出大作品的阎肃，在生活中却甘于扮演"小角色"。他常说，"别太把自己当回事，我就是个普通人"。面对一顶顶耀眼的桂冠，面对不绝于耳的赞誉，他居功不自傲、艺高不自满，永葆普通党员、普通老兵、普通文艺工作者的本色。对文艺新人，他倾心呵护、无私提携，把艺术的接力棒传给年轻人。他品德高尚，对家庭也极端负责，是名副其实的"模范丈夫"、"慈爱父亲"、"可托付的大哥"。他激情燃烧，乐观向上，童心未泯，正如他自己所说，"像孩子一样快乐，像孩子一样简单，像孩子一样好奇"，以超然率真的心境笑对人生，不断焕发艺术创作的活力。

阎肃同志是事业的强者，也是人生的智者。他曾写过一首诗歌《昨天、今天、明天》，告诉人们：人的一生不过三天，"不要忘记昨天，认真计划明天，好好把握今天"。从诗中可以看出，他对人生的真谛悟得非常深透。今年他八十华诞时，我送给他一副对联——

> 生只三日艺坛勤修壮心不已佳词妙句比梅兰香留华夏
> 岁已八旬军旅躬耕豪气依旧好戏奇文效松竹情洒神州

这副对联表达了我对他的由衷敬重和真诚祝福。

老骥伏枥，志在千里。"如果活到100岁，我要再写红歌20年！"80华诞时的铮铮誓言音犹在耳，阎肃同志又迈着矫健的步伐开始了艺术创作新的征程。在此，我再次衷心祝愿阎肃同志老当益壮、身康笔健，永葆艺术生命的春天，不断创作出更多的精品力作，为推动社会主义文化大发展大繁荣，作出新的更大贡献！

李继耐

二〇一〇年七月二十八日

目录
CONTENTS

引 言 >>>

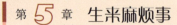

<h1>引　言</h1>

我老爸是空军政治部文工团的阎肃，上世纪60年代创作了让国人感动不已的歌剧《江姐》，其中主题歌《红梅赞》传唱至今；到了八九十年代，又让很多人记住了《敢问路在何方》、《故乡是北京》、《长城长》、《雾里看花》等歌曲；到新世纪来临，老爸作品少了，但本人倒快成明星了。由于经常以评委、嘉宾的身份出现在各电视节目中，其笑容可掬的面庞，厚道实诚的发言，赢得了赞誉。

老爸火了，可我有点烦恼。在饭桌上往往一提老阎，一般人就说：太知道了！就是电视上的评委。哈哈，成评委专业户了！

90年代，我大多时间在外地工作，回家次数较少。有一次，回大院看父母，出来时，在院门口碰上一空政文工团乐队的女兵。我知道她住在姐姐那套房子的隔壁，就招呼她上了车，顺路捎她一段。

在车上，她问我："来空政院儿里干吗？"

我说看人。

她问："看谁呀？"

我说阎肃。

"噢，阎肃老师呀，你找他有什么事呀？"

我说："他是我爸。"

她惊讶地张大了嘴说："啊？阎肃老师还有个儿子呀？"

这两年常回想起小时候的情形，想起那时的爸爸，也就想着把我和他这一生的父子情缘记录下来。后来和出版社的朋友聊起来，他们鼓励我干脆写本书吧。我听了诚惶诚恐，想着我哪儿会写书啊？现在社会上写书的那么多，而且人家专业作家都自谦自己为卖字的了。但我还是壮着胆子背着爸爸试着写了写，于是就有了这本书。现在只希望老爸看过之后，脸上的表情不要太严肃就好了。

今年时值我爸八十大寿，部队首长非常关心，5月9日那天一早，空军政治部主任朱福熙少将便来家里看望。

他对老爸说："您最低指标要活到100岁，力争120岁，咱这是保一争二，再写红歌二十年。"

随后，中央军委委员、空军司令员许其亮上将，空军政委邓昌友上将也来到家中。

邓政委在我爸七十寿诞时，便代表组织来家里贺过寿，那时的身份是空军政治部主任。后来他们俩都升了，邓主任升任为我们空军的政委，我爸也从七十高升至八十了。

许司令和我爸很熟，他在诗词歌赋方面有很高的造诣。大家正说得高兴，伴着几声爽朗的笑声，中央军委委员、总政治部主任李继耐上将，总政治部副主任杜金才中将，总政宣传部王部长、黎副部长先后走进家门。

李继耐主任风趣幽默，说了很多我爸的典故，引得屋内不时一片笑声。最后大家举杯，共祝我爸：生日快乐！

临走时，李继耐主任认真地对我爸说："今天来为你祝寿，不是代表我个人，是代表总政治部，感谢你一生为部队所做的贡献，也代表中央军委徐才厚副主席祝贺你八十大寿！再写红歌二十年！"

之后，中央军委办公厅齐长明同志代表中央军委徐才厚副主席送来生日蛋糕，并转达了徐副主席的问候，老爸连说感激、感动。

中午，我们全家及亲朋好友欢宴庆贺，我作为家里第二代领导发言：

我们最亲爱的，

平时总是穿着布鞋的，

写过歌剧、京剧、舞剧、评剧、相声、快板的，

酒量高高，爱吃油条、豆浆、红烧肉的，

能边游泳、边看报抽烟的，

酷爱武侠小说、会玩空当接龙的，

巨喜爱部队生活的，

乐观轻松、有一肚子笑话的，

为党、为国、为军队一生努力工作的，

不太严肃的阎肃老爸

八十大寿快乐！80后更快乐！

小茹，小宇，娜小宝敬贺

我爸的这个生日过得很开心，关心他的领导、朋友很多，赞扬之声盈耳，也就有记者朋友来问我，非让讲出点我爸的成功之道。我想了一阵，怎么想还是觉得老爸就是个普通人，普通的爹，厚道的老大爷。他自己也一直没敢把自己看成名人、艺术家，就觉得自己是一名空军的老兵。

但我这么说人家觉得我是谦虚。又说阎老博学多才、博闻强记、才高若干斗、出口成章等等，等等。我心说了，您这是夸李白呢！而且如果这么总结一个人，对大家也没有实际意义，就像说爱因斯坦脑容量比别人大，咱也学不了啊！最后想来想去，也就只好想出最平凡不过的老阎同志不平凡的两点地方，来跟大家交流一下。

记得从我小时候直到现在，但凡和老爸一起出门，在路上不管遇到什么人，花匠、木工、烧水的、大师傅、小战士，爸爸一律向对方微欠上身大声打招呼：您好！

我那时心里挺别扭，觉着自己这老爸也太没派头了，跟谁都主动打招呼，还鞠躬，您用得着么！这时我就故意说他：您认识么，就和人家打招呼？

老爸对于我的嘲讽口吻一般不予理睬。

慢慢的，等我长大后才明白，他那是习惯与人为善，尤其是怕那些工人、小战士看见他紧张，所以不管认不认识都主动打招呼，好让大伙儿放松。

平时不管他和谁约时间，包括司机，他总是提前五分钟下楼，就怕让别人等。这么多年老爸没教过我什么大道理，但一直在示范着一件事：尊重身边所有的人。

的确，尊重所有人对我们大家来说肯定不是高科技，可有多少人愿意去做或者能坚持做到呢！可能是不太愿意去做。有时觉得自己高人一等，有时觉得只尊重需要尊重的就行了，可这种刻意挑选的尊重也就不真实了，变味儿了。

老爸一生中遇到过形形色色的人，但他始终发自内心地尊重生命中遇到的每一个人。从国家领导人到小区里的园艺师，在他眼中都是生活的代表，都值得尊重，都应该用心走近。他亲切地对待熟稔的人，也温和地对待每一个初识的人，关注他们的感受和自尊；他感恩每一个帮助过他的人，也宽容那些伤害过他的人；他为名人、为海外华侨、为朋友写歌，也为许多基层部队，许多普通官兵、不相识的歌手写歌。

其实尊重所有人对我们所有人都是重要的，且不说生命生而平等这样的大道理，就说你尊重了所有人，也就为自己赢得了好心情，营造了更好的环境和土壤。有时我的朋友有事找他，刚见面挺紧张，老爷子总会说：咱们都一样，都是普通人，您有事别客气，我和我儿子没得说！一句话大伙儿都轻松了。

尊重所有人是老爸之所以不太普通的第一个普通点。

第二点呢，就更简单了，就是一直不断学习。

从小到大我们家搬过七八次，我脑海里老爸在每处家里的场景大多是坐在书桌前的样子。

要说老爸一直没被淘汰，只能是得益于一直不断地学习，且对每件工作都认真对待。我最不相信出口成章这个词了，那只是传说中的李白，但别忘了"铁杵磨针"这个故事也是李白的。连李白都是勤奋来的，更甭说别人了。

当然得承认我爸记忆力不错，也比较聪明，但决不是超人，因为我九岁时下象棋就赢他了，所以说他几个阶段的成功都是他不断努力学习的结果，当然也要自己用心梳理出一套适合自己的学习方法。

上世纪50年代，老爸就开始在空政文工团工作，那时候他自称是一专八能，能唱会跳、拉大幕、兼管催场，还得给台口的灯添油，他自己说的挺热闹，但咱一分析那不就是个打杂的么！但他自得其乐，并坚持把所有的业余时间都用于文学创作。终于，在60年代初创作出《我爱祖国的蓝天》、《江姐》等优秀作品，成了专业创作人员。

生日会上的老爸老妈

但到了80年代，戏剧市场不景气，需求锐减，但他能随即转身，认真学习研究电视晚会，并由此担任了十五六届春节晚会的撰稿及策划，同时创作出大量优秀歌曲。

到了2000年，我爸七十了，体力精力都下降，创作上不免有些减退，但他仍然不断学习，琢磨生动语言的运用，并能吸收最新的知识、社会趣闻。那时正赶上访谈和一些大赛节目的增加，也就成全了他成为最受欢迎的评

委、嘉宾的好运。由于他思想贴近时代节奏，被央视一些朋友戏称为"80"后。但要知道，老爷子每次参加任何节目之前，都是认真做足了功课，才有所谓的"出口成章"，让百姓爱听。

我爸其实就是这么个普通的人，做的也是这些普通的事，但一生坚持下来可能就不普通了。我想用王维的两句诗自夸一下我们家老爷子：

"声喧乱石中，色静深松里"。

他就是这样，在繁乱的尘世中留下自己清健的音律，但又安于平静朴实无华的生活。

老爸每天读书、看报，八十高龄仍有很强的求知欲，遇到拿不准的字立刻就去翻字典，碰到不明白的事，总想问个明明白白。他本身是个很单纯、很简单的人，一直有颗童心，对什么好玩的事都充满好奇。

老爸80大寿全家福

但他对生活水准的要求又非常之低。他原来有个姓杨的司机，几年前买了套房，付了首付，因要承担按揭，便把房子租出去。老爸不解地跟我说："小杨真有意思，买个房子自己不住，反倒租给别人？哈哈，真是可口可乐。"

我跟着笑了，其实是笑老爸也太不食人间烟火了，但他就是这样，他不觉得置办产业、给自己留资产有多重要。对他来说，有九平方米的书房，能看书，写东西，睡觉足够了。

前几天有朋友问我：阎老年轻时什么样？有没有想过成为什么家、超越什么人的目标？我仔细想想：有？还是没有啊？要不您就听我叨唠叨唠老阎同志年轻时候的那些事儿吧。

在我很多的活动中阎大叔都来给我捧过场，给我的事业莫大的支持。让我记忆最深刻的是2009年10月13日，我在北京如梦如歌红色经典歌曲演唱会上，大叔前来现场做嘉宾。演唱会中黄宏邀请大叔上台给大家讲几句，当阎大叔走到后台的那一刻，我正好从服装间换好衣服出来候场，不假思索，便无比激动地给大叔来了一个深情的拥抱！大叔即兴讲了四句话"歌声如梦，人生如歌，歌甜人美，如梦如歌。"现场一片掌声！

大叔不仅是我的忘年之交，更是我最尊崇的老一辈艺术家。

阎老是一位德高望重的艺术名家，他非常关心年轻一代歌手的成长。记得在2002年，我推出了自己获得青歌赛金奖后的第一张个人专辑《在那东山顶上》，我邀请阎老作为嘉宾出席我的发布会，后得知阎老重感冒发烧，不能前来。发布会开始后，我发现阎老竟然端坐在那里。一位古稀老人，生了重病，还来参加一个年轻歌手的发布会，让我非常感动。后来，我们有了一些合作，像《阳光》、《梦水乡》等等都是阎老创作的歌词。这样一位可敬可爱的老人，是我永远学习的榜样。

少年窗外事

第一章

战乱日月度童年

阎肃这名字是爸爸参加革命后自己起的。他原名叫阎志扬，1930年出生。

爸爸是家里的长子，按老辈排是"志"字辈的，他下面有一弟弟，一妹妹，又一弟弟。二叔阎志强，姑姑阎志翔，四叔阎志刚。扬、强、翔、刚，真有些抑扬顿挫，不过也够拗口的。

爸爸在外面很少提及他的家庭，其实在家里说得也不多。我就敢说，我姐姐肯定不知道我爷爷叫什么名字，是什么样的一个人。

小时候第一次听爸爸提起他爸爸，是因为有一次肯定又是我犯了什么错误，在妈妈的严厉训斥下仍死不承认，拒不悔改。爸爸正好走过来，摆出一副假装和我是"一头儿"的姿态说："我小时候有一次考试没考好，因为老是跑出去唱戏玩儿，结果没考第一，心想这回肯定得挨打了，我就主动举着根棍子，走到你爷爷面前说：'爸，我错了，你打我吧。'你爷爷一看，这么主动认错，大手一挥，'算了，以后要考好！'一场打躲过去了。"

爸爸说完这段经历，脸上露出些许得意之色，好像是他外交史上的开山之作。我听他讲完就说："噢，那你也像爷爷那样说算了，我就承认错误。"

爷爷阎襄臣，奶奶陈亚贤。

爷爷出身于河北保定农村一富足家庭，但到我爸出生时，也几近破落了。爷爷体格强壮，尚武之人。年少时就常在自家院落里练石锁，因能跨马提缰一跃而过保定府的护城河，而闻名于十里八乡。

我曾见过爷爷的一张照片，顶缨戎装，煞是威武。爷爷早年从军，曾在某"军阀"部队的骑兵团干到过团长，又加入过北伐军任军官，后因对时政不满，弃武经商，到40岁才回家乡娶妻。

奶奶家是中农，和爷爷是同乡。奶奶自小聪明伶俐，非常善良，又颇有志气，曾说："要娶我必须得用八抬大轿，雇不起者，甭想！"

爷爷解甲归田时，奶奶已经26岁了，这在当时已属于非常之大龄了，可见奶奶个性之强。

后来爷爷果然用"八抬大轿"迎娶了奶奶，在他老人家41岁时，奶奶为他生了个头生儿子，就是我爸爸，真正是中年得子。

爸爸很早就能开口说话，又开始学习读书、写字，爷爷做些生意，一家人过得倒也其乐融融。很快又有了我二叔。爸爸7岁时，抗日战争爆发了，河北很快失守。为躲避战乱，爷爷带着一家老小，逃难到武汉。在那里，爷爷开始做些小生意，日子还算过得去。但随着日军南下，全家只得又开始逃难，直到了重庆郊外。

因爷爷、奶奶都是天主教徒，就先借住在市郊一所教会的一套小院落里。没想到，刚住下就赶上日军对重庆进行连续大轰炸，城里城外，火海一片。幸亏爷爷、奶奶临危不乱，带着孩子们跑得快，虽然家被炸毁，但家人都还安全。而爷爷半生的积蓄、家当全毁于那场轰炸。

当时行伍出身的爷爷也急哭了。

爸爸曾说，一辈子只见爷爷哭过那一回，看见爷爷掉眼泪，比轰炸、大火还要让他难过得多。的确，一家人一无所有了，可怎么办呢？奶奶却没掉一滴眼泪，只是看着怀里的二叔慢慢地说："会好的，会过去的……"

此后，一家人在教会的帮助下，找到了新的住处，开始了艰苦的生活。

爷爷每天带着我二叔到市里找工作，奶奶则替栖身的修道院浆洗衣裳，并帮着神父干些杂活。爷爷很重视对孩子的教育，再困难也要我爸爸继续读书。就这样，爸爸开始在修道院里念书，当时住的地方叫慈母山，姑姑后来也是在那里出生的。

敲晨钟的"彼得"

　　爸爸从念书开始，每天下课后，都要捡煤渣、拾柴火，并帮着照看弟弟、妹妹。在这种艰苦的条件下，爸爸还总是考第一，而且他那深不可测的古诗词底子，竟然是在这所教会学校打下的，真有点不可思议。

　　我从未见过像我爸这么熟稔唐诗、宋词的，只要你随便找首唐诗，念出上句，他立即就能接出下句。时至今日，80岁高龄仍能如此，不服不行。

　　教会学校里有很多外国神父，爸爸因功课好，深得他们喜爱。也因此有了更多的机会接触这些外国老师，于是还学会了英文、拉丁文，甚至神父们喜欢玩儿的桥牌也教给他。因爸爸总是考试第一名，也就总是得到上钟楼敲晨钟的荣誉。

　　爸爸说，那是教会学校里学生最高的荣誉了，当时感觉很神圣。

　　悠悠的钟声在头顶回旋，久久不散，他说他一生也忘不了那绕梁余音。同学们满是羡慕的目光，奶奶每到这时也总是一脸的骄傲。

　　爷爷奶奶都是忠实的天主教徒，饱受战乱之苦，他们希望万能的主能够把爸爸引向一个太平世界，于是早早就把自己的信仰同样寄托在他身上。在爸爸4岁时接受洗礼，传教士给他取了一个西洋味的教名："彼得"。

在修道院里，每到圣诞节、复活节等节日，爸爸都会参加一些宗教节目的演出，却总是扮演魔鬼，可能爸爸小时候长得没有现在这么和蔼可亲。有时候演戏多了，玩儿的时间久了，就误了些功课。有一次在班里的考试成绩从第一名下降到第三名，要不怎么就有了前文提到的他举着小棍，主动认错，避免挨打那一出呢。

在唱诗班上，爸爸是个全才，会得最多，唱得最好；回到家里，还教给弟弟、妹妹，给全家都带来了欢乐。

爷爷不久就在城里一家旅行社找到了工作，慢慢的，凭着他的才干，从襄理到副总直至总经理，全家人的生活逐渐又好了起来。

放寒暑假时，爷爷会要求爸爸和二叔每天都要练习大、小楷，并作文，写日记等。教他们的家庭教师是一个从美国回来的青年，好像也没有别的什么工作，也不知他在美国学的是什么专业。不知为什么，每当听爸爸说起这位庭教师，就让我觉得他有点像钱钟书《围城》里的方鸿渐。

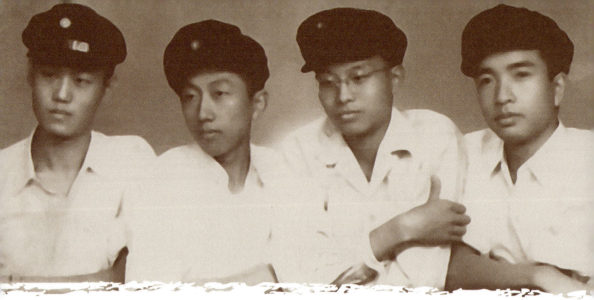

高中时代的爸爸（左二）

快乐在南开中学

后来爷爷带着全家搬进城里住了，爸爸这时也考取了重庆南开中学，经与修道院多次协商，院方才同意爸爸转学。

因为转学，教会学校的"主教大人"大为恼火，他本想送爸爸去罗马学习天主教，以期培养成大主教的。气急败坏之际，大骂"下江人"不可靠、背信弃义等等。

我问过爸爸什么是"下江人"，爸爸说：长江下游方向的即被上游的称之为"下江人"。可能是上游水更干净，他们就姑且把"下江人"视作低人一等了。

因爸爸一家是经武汉逃难来的，也就被归于此类了。

爸爸说当时挨骂归挨骂，心里也觉得惭愧，但也不能真去当主教啊。好像是爷爷坚持让爸爸去的"南开"，要不爸爸没准真成了红衣大主教什么的，也就不知道该谁来写这本书了。

南开中学根在天津，到抗战时才迁至大后方重庆。相比教会学校，南开在各方面都进步和开明多了。

重庆南开有着她的历史地位，翻开学校的历届同学录，专家、学者、名士、封疆大吏不乏其中，这里也更加面向社会。

大凡十几岁的孩子就没有不贪玩儿的，爸爸也不例外。离开教会学校，进入南开，就像从一个长长的梦里睁开了眼睛，眼前的一切都让爸爸感到万分好奇。他一头扎进南开中学，就像归林的鸟儿、入水的鱼儿，终于找到了自由和欢乐。

学习之外，学生会组织的各种文艺活动像磁石一样紧紧地吸引住了他。他参加了一个叫"晓社"的学生文艺团体。在这里，他学会了一些以前从未听过、从未唱过的歌，《山那边哟好地方》、《兄妹开荒》、《您是灯塔》、《跌倒算什么》，在这些朗朗上口的歌词中，共产党、毛主席、延安、八路军、新四军……这样一些富有革命色彩的名词，开始走进他的心田。

南开那时候就分文理班，爸爸读的是文科班，功课挺好，他有更多的机会看杂书，五花八门的，什么都看。而且在课余时间，更有了让他沉醉其中的爱好——好莱坞电影、武侠小说、京戏等。

爸爸从小就喜欢看电影，家境还不宽裕时，就去看电影院的"早场"。当时的"早场"是很早的，好几场连着放，爸爸经常会从沙坪坝（南开中学的所在地）赶进城去看。

在上个世纪的三四十年代，中国也就上海、重庆等几个城市能看到美国电影。爸爸说，那时有一批人是专门为外国电影翻译并取名的，名字取得都很好，最绝的当数《乱世佳人》。"飘"就属字面翻译而来，但《乱世佳人》才是最吸引人又恰当不过的名字。

爸爸当时看过很多美国片子，让我吃惊不小：怎么那时候这些片子就进中国了？比如，《米老鼠和唐老鸭》，爸爸小时候就在电影院里看过多次。他尤其记得有一场戏是：在一个玩具大商场里，所有的玩具和文具都活了，一起来反抗商场的胖老板，钢笔成了大炮，钢笔水成了炮弹……

何来怪词和鬼主意

爸爸对武侠小说的喜爱程度那也是非同小可。我们家书房里有满满两个书柜放的都是各类武侠小说，而且大多他还没仔细看呢，说是要等到退休以后，慢慢看。

爸爸最多提到的"武侠名宿"是还珠楼主，他小时候看的基本上都是这位大师写的。爸爸讲过某本书中描述过那么一位人称"血神子的"精彩人物——邓隐。

书中说这位"大哥"为报血海深仇，跑到雪域高原，烈日下苦练一门绝学，随着功力的加深，边练边把自己的骨肉一刀刀剜去，最后把自己浑身上下练得就剩一道影子。影子从别人身上一过，那人的血即被吸干，真正是杀人无形。每当他一出现，便狂风乱作，飞沙走石，好似天绅倒挂，众人失色惊呼：血神子——邓隐来也！

爸爸由于太喜欢这段描写了，在一篇有关雷电的作文里还借鉴了一下，写道：

"天边黑云翻滚，天际中弥漫着一种无形的压力，突然一道惊雷掠过，咔嚓一声，整个天空为之一颤，好似天绅倒挂！"

他的这段文字被学校先生批了四个大字——何来怪词！

爸爸说，还珠楼主就像是武侠小说的祖师爷。他的代表作《蜀山剑侠传》，那可称得上是武侠小说的教科书。单"峨嵋开府"一段关节，就写了足足有一本半书。两位高手过招，你这一拳怎么打过来，内含了几种变化；我对付这招有几种解法，用哪招会有什么效果，描述都细之极也。现在流行的大师们书中所用的招式、拳法、门派组织、奇山怪石等名称，很多都是从还珠楼主那儿趸来的。

爸爸对电影、武侠小说再喜欢，也只能是看看，对京戏就不一样了。

抗战时期，为躲避战乱，很多北京、上海的京戏名角都到了重庆，加上北方来的戏迷，就更相得益彰了，一时间好不热闹。那时候唱京戏的名角、大师的地位就如同现今的歌坛、影坛的天王巨星，属于绝对的偶像。

从左至右：李效兰、姑姑、二叔、四叔、老爸

爷爷比较喜欢看京戏，常会带着爸爸和二叔去当时的"厉家班"看戏。二叔没有多大兴趣，但爸爸很喜欢，凡有好戏就去看，迷得不得了。后来不仅是看，还在课余时间和同学一起演戏玩儿，"家伙"、"行头"都置办上了，这就如同现在学校里的小哥儿几个组织了个"花儿乐队"一样。

有一年，学校开校庆晚会，爸爸还专门写了个独幕剧《完璧归赵》，和同学自导自演的，效果不错，演出后还得到了奖励。再后来，不只喜欢学唱京戏，其他如川剧、越剧、清音等，爸爸都喜欢学着玩儿。

每个人一生当中，大都会有做生意的插曲，或早或迟。爸爸应该说是比较早的，他在上中学前就开过家"银行"。

那时家里还不是特富裕，爸爸喜欢看电影、听戏，可又没有那么多零花钱。姑姑是家里唯一的女孩儿，爷爷疼她，常给姑姑些零用钱。但奶奶却又不许女孩子随便出门去玩，所以弄得姑姑也没个地方花钱，就经常把手里攒下的钱数来数去的。这被我爸看见了，于是鼓动二叔去找姑姑，说他们二人开了家银行，在他们那里存一角钱，每天能有五分钱的利息，存得多利息就更多，五角钱，过一天就变八角了。姑姑一听高兴了，只是要求写条了当存折。二叔当即就写了，拿到钱后，交给爸爸，随后他们俩就心满意足地看电影去了。

到了第二天，姑姑找二叔要利息时，才发现是空头支票，甭说利息，连本金也没了。姑姑立刻哭着找奶奶告状，结果是二叔被爷爷、奶奶好好管教了一番，爸爸则因没有凭证，一直"逍遥法外"。这件事直到姑姑五十多岁快退休时，谈及此事，方知我二叔只是"从犯"，我老爸才是主谋。

令人敬畏的"军阀"爷爷

　　随着爷爷任老总的旅行社生意越来越好，家里的日子也日渐富足。那时，旅馆搬到了重庆花园路，房子很大，并有自己的花园。据说解放后，竟改成了一家医院。

　　其实爸爸骨子里是很淘气的，之所以在少年时代没干出什么"惊天动地"的事来，主要是因为有爷爷"镇"着他呢。按爸爸的话讲，不是他怕爷爷，是所有人都怕他。

　　爷爷他老人家身体倍儿棒，腰板挺直，60岁时还能踢腿，举石锁，练拳，而且一直坚持冷水浴。每天早晨起来，在小花园里，双臂平举，抬腿，旋踢，脚面打在两边手上，"啪啪"直响。那时候每天晚饭后，爷爷带着一家人从花园路散步到朝天门码头，一路上讲故事，说笑话，天南海北的，什么都讲，这是一天中大家最快乐、最兴奋的事了。回家后，一家人再一起念《圣经》，沐浴后睡觉。

　　爸爸提及爷爷，总带着一丝敬畏，说爷爷浑身透着一股北方人特有的豪气，还有粗暴，可能爷爷身上的"军阀"作风一直没怎么改过，这从他打麻将最能看得出来。

　　不是常说嘛，看一个人打麻将最能表现他的性格了。

　　爷爷喜好打牌，可要是输了，孩子们全"遭殃"了，视力范围以内的，

开口就骂，反正得找个人撒气。不过他要是赢了，钱也从不自己"揣"起来，都给孩子们分了去。爸爸说，好在爷爷赢时多，输时少，大家看在经常分钱的份上，也就忍了，不跟他计较，也就没太反对他打麻将。我心想了，您这是说好听的，你们反对？爷爷也得听啊，他是"军阀"，您不忍行吗。

但爷爷脾气再坏，跟奶奶却一直是相敬如宾。从他们二人结婚，一直互称先生，相濡以沫，共同面对艰苦岁月。这点也极大影响了爸爸兄妹四人，他们的家庭都很稳定，夫妻恩爱，生活愉快。姑姑说她上中学时，同学们对鲁迅、许广平互称先生十分不解，姑姑笑道："这有何奇，我家父母就一直如此。"令她的同学们大为惊讶！

右一是二叔，右四是四叔，
左二是姑姑，左一是李效兰阿姨

爸爸很喜欢他小时候听过的一首歌，是卢冀野先生写的，歌名叫《本事》：

　　记得当时年纪小

　　我爱谈天你爱笑

　　有一回，并肩坐在桃树下

　　风在林梢，鸟儿在叫

　　我们不知不觉睡着了

　　梦里花落知多少

爸爸幸福的少年时光翩然而去了。1947年，他考入了重庆大学。

投身爱国学生运动

中学时，爸爸一直偏好文科，但考大学时想的是要实业救国，所以他学的是工商管理专业。

在重庆大学，他做了一件足以改变他一生的大事。可以说，这件事也改变了整个家庭及全家人的命运：爸爸参加了中国共产党地下外围组织。

1948、1949两年，是中华大地政权行将更迭的年代。在当时，每个月，甚至每天都有城镇或乡村变换政权，天翻地覆。在重庆，共产党地下组织领导的学生运动、工人运动、农民运动同国民党政府做着最后决战前夕的较量。

在这种大环境下，爸爸开始醉心于进步书籍，积极参加各种进步学生活动。

有一位名叫赵晶片的老师，很快发现阎肃同学有与众不同的文艺天分，就经常有意安排他参加排演一些文艺小节目。他和同学们一起排演《黄河大合唱》，自编自演小话剧《张天师做"道场"》讽刺蒋介石。赵老师还给他们传看共产党办的《新华日报》，推荐他们读进步书籍。可是有一天，赵晶片老师突然被国民党特务抓走了。这时，他们才知道，赵老师原来是一名共产党地下党员。

不久，反动派发动了一系列反共事件，接连发生的事情让爸爸感到震惊：为什么中国人要打中国人？到底谁能救得了苦难的中国？

就在这时候，又有一些进步老师和同学悄悄给他送来《共产党宣言》、

《新民主主义论》等革命书籍。爸爸把那些小册子揣在怀里，晚上趴在灯下一句一句地读完，心里一下子感到亮堂多了，这是他第一次接触党的思想。

在进入重庆大学后不久，他很快就接触到地下党并接受了共产主义思想的洗礼，树立了崭新的信仰，并积极地投身到爱国学生运动当中。

那年，爸爸加入了中国新民主主义青年团。

因经常参加地下党组织的各种活动，爸爸还不时会被国民党特务盯梢、跟踪。在当时的重庆，家里住在有花园的大房子，还参加革命的青年并不多，这反倒让跟踪的特务摸不着头脑了。

爸爸说现在有些电影、电视剧把学生运动说得太容易了，其实那是相当艰苦、残酷的。当

左一爷爷，右一奶奶；爸爸（左二）抱着的是我四叔，十足的少爷派头。

时，共产党、共青团在大学里组织活动，积极发展；同时，国民党也在大学生中发展了很多特务、眼线。

就拿游行来说，进步学生研究、制定好的游行路线、时间、规模常被特务探听到情况。当游行队伍行进到某个路口时，总是会突然遇到斜刺里插出一队"人马"，不是"迎亲"的，就是"送殡"的，从游行队伍当中一插，拦腰切断，弄得你拦也不是，不拦也不是。稍一摩擦起冲突，即从四周窜出

数十彪形大
里抻出大棒行
得过这些特务
同学们受伤乃
发生。

汉，从花轿或棺材
凶。那些学生哪打
啊，每一次游行，
至牺牲，都有可能

但爸爸他们热情高涨，似乎从来也不懂得害怕。这也难怪，因为当时被抓、被迫害太司空见惯了。更重要的是，抗战胜利后，毛主席到重庆参加国共谈判，再加上周恩来副主席在重庆的影响，红岩村以及《新华日报》长期的工作，使得青年学生们都对延安心怀崇敬、向往，认为那里是中国的希望。

爷爷对爸爸的这些活动开始并不太知情，知道后也没有反对。

爸爸应该是在上大学前后开始了他朦胧的初恋，也可能是受父母之命。

那女孩儿叫李效兰，是当时重庆交通局长的千金，两家也算得上是门当户对，爷爷奶奶都挺满意。在当时的一张全家福照片中，还有她的身影。

后来爸爸参加革命，并放弃学业跟随解放军队伍走了，也就放弃了这段感情。这听起来有点像中国版的"保尔·柯察金"，不过，保尔和冬妮娅后来还在火车站见了一面，这和我老爸不一样。听说李效兰阿姨后来考上了北大，真希望她一生都好。

弃学从军

　　1949年重庆解放前，爷爷的几位朋友也曾劝他要早做打算，本来可以去台湾的，但爷爷不愿意。后又有朋友帮忙安排了去香港的船票，爷爷这时已经是六十来岁的人了，觉得自己老了，走不走？去哪里？这关乎一家人命运的大事，还是听长子的吧。

　　可爸爸那时已投身革命当中，怎么可能走呢？在家里表态说："要走你们走，我哪儿都不去，我要迎接解放。"

　　爷爷听罢，说："那就听老大的吧。"就这样，一家人留了下来，爷爷觉得自己没干过什么坏事，不用担心。

　　新中国成立了，爸爸跟着部队走了。

　　社会在发生了大变革后，进入了一小段相对安定的时期。重庆也一样，爷爷家也一样。这时二叔也考上了大学，姑姑读小学，四叔还小，爷爷、奶奶谨慎地注视着身边的变化。

　　没过多久，平稳之后的动荡开始了。

　　1952年，新中国迎来了第一次大运动——"三反五反"。

　　运动一开始，爷爷就被推到了风口浪尖上。先是让爷爷彻底交代问题，爷爷说没有问题，接着一些人就硬逼着爷爷揭发企业董事长的偷税、漏税等罪行。爷爷是重义气、轻生死的人，更不可能无中生有地陷害朋友，所以爷

青年时期的爸爸，这姿势够酷吧！

爷的发言总不能叫这些人"过瘾"，于是爷爷就被轮番"开会"，取消了睡觉。在气、急和极度疲劳下，爷爷终因高血压导致突发脑溢血，不到一个月就去世了，享年64岁。

爷爷刚强一生，从不服软，果敢、坚强、暴躁、义气。

毅力惊人的奶奶

爷爷被抓后，奶奶开始还遵循着旧时做法，拿出一些金条去赎人。不想是新社会了，变革了，金条等都被没收了，奶奶也被冠以"经济犯"抓起来几天。等奶奶被放出来后，又想着办法去救爷爷，可又被骗去了不少钱财。

爷爷过世时，爸爸在朝鲜战场没能回来，奶奶一个人操办了丧事，这年奶奶正好50岁。

家里的财产全被没收了，一家人也从花园路的洋房里搬了出来，临时安置在郊区一间小屋内生活。因这巨大的变故，奶奶的精神受了一定的刺激，在后来的岁月里，有时清醒，有时糊涂，但奶奶一直坚强地生活着。

这时二叔大学还没毕业，姑姑10岁，四叔才5岁，奶奶也没有工作。爸爸那时在部队，是供给制，每月发五元六角津贴，他全部寄给奶奶，维持一家人的生活。后来爸爸改成薪金制，他也总是几乎全部寄给家里，仅留必需的一两元生活费。

奶奶的毅力是惊人的。她原是半文盲，硬是靠自学到能看报、写信。爸爸参军后，和奶奶的往来信件，都是奶奶自己写的。更令人诧异的是，奶奶还坚持去上了化工补习班，学习了化学方程式，到最后，竟然自己用化工原料能做出墨水（普鲁士蓝）、肥皂、甘油等。姑姑和四叔读小学、中学，一直用的都是奶奶自己做的墨水和肥皂。

奶奶常说：一等人看看就会，说他的长子就是这样；二等人学学就会；三等人是教都教不会。

奶奶在爷爷去世36年后的岁末，时逢过生日，二叔特意从昆明赶来为奶奶祝寿。奶奶见二儿子回来，很高兴，多喝了两杯，忘了吃药就睡下了。第二天清晨，人们发现奶奶已静静地离开了尘世。

奶奶走得很安详，就像她的一生，没有打扰过任何人。那年刚好是爷爷100岁诞辰。

奶奶一生慷慨，富有的时候周济穷人，乐善好施，对邻里总是衣食相送；穷困时，也是尽己所能地帮助别人，以一颗平常心对待富贵与不幸。她一生笃信天主，捐助教会。

奶奶出殡那天，在楼前空地上，搭起了大棚，奶奶安详地躺在临时搭建的木床上。木床四周堆满白花，还有用白花扎成的十字架。奶奶穿着一身黑色绸缎，脚上穿着她在几十年前爷爷过世时就已准备好的缎面绣花鞋，面容慈祥安然，好似神光普照，天使护佑，见到的人无不为之惊异。一传十，十传百，来了很多人为奶奶送行，附近的天主教、佛教徒也来了许多。

人们接踵走过奶奶身边，送行的方式是天主教及民间通行的仪式双轨并行。有奏佛乐的，有诵圣经的，左边唱罢，右边又开始齐颂，此起彼伏，十分壮观却又秩序井然，真是难以名状的场面。

我知道，奶奶是安心走的。

后来，在把爷爷、奶奶合墓的那一年，爸爸回到了重庆。爸爸这时也已经六十多岁了。

站在墓碑前，轻声说："爸爸、妈妈，我离开家很久了，也很远，但我一直很惦记咱们这个家，我的心一直没有离开过咱们这个家。"

听到爸爸这样说，站在一旁的四叔、四婶都掉下了眼泪。

刚参军时的老爸（前排中），一脸神圣使命，也见证着年代的热情。

参加土改工作队

　　上个世纪80年代初的一天，我们全家人在北京玉泉路乘坐338路汽车去西单。发车前，爸爸和司机师傅攀谈起来，问："您是部队转业的吧？"

　　"没错啊，您呢？"

　　"我还没退。您是'几野'的？"

　　"'二野'的。"

　　"我也是'二野'的。"

　　"呦，真巧。咱们'二野'不穷不富。"

　　"没错，不穷不富。您几个孩子啊？"

　　"三个秃小子，费劲死了。这是您小孩啊？"

　　"是，一儿一女。"

"看您多好。"

下车前，爸爸对妈说："还得是咱部队的老人行，这车开得又快又稳当。"

爸爸当年参加的部队就是被称为不穷不富的"二野"——人民解放军第二野战军。爸爸当年在全国解放的大形势下，弃学从军。那是他踏进革命队伍、迈入党的怀抱的第一步。

一个青年的梦想有了阳光雨露的滋养，就这样梦想成真。那时西南团工委从学校选调干部，他大学还没毕业，就积极报名参加，来到西南团工委青年艺术工作队做团的宣传工作，后又被安排在"二野"所属的西南军区青年艺术工作大队工作。

当时正赶上部队帮助地方开展土地革命，爸爸即去参加了土改工作队，来到四川郫县豆瓣村搞土改，任土改工作队的秘书长。

不久，为保证土改工作顺利进行，召开了镇压地主、恶霸等黑势力的审判大会。由于当时法院院长的嗓子累坏了，喊不出来，就由爸爸宣读被镇压的名单。院长还一再叮嘱他要喊着念。

一会儿，大会开始了，

"把×××押上来！"爸爸大声喊着，在群情激愤的历数完罪行后，爸爸又大喊：

"把×××押下去！立即枪毙！"

"把×××押上来！"

……

随着爸爸一个个名字的喊，一个个恶霸地主在土台子旁，依次被枪毙了。

最受欢迎的"引苦员"

那是一段激情燃烧的岁月。新中国在千疮百孔中刚刚复苏，战火再次燃烧到与朝鲜一江之隔的新生共和国。

"到前线去、到前线去！"在西南团工委青年艺术工作队里，20来岁的青年阎肃热血沸腾，一天到晚嚷着要上前线。

正好团工委青年艺术工作队要抽人随部队一道到朝鲜前线慰问。听到这个好消息，我爸激动得立马主动请战。

老爸（左二）在朝鲜战场

1952年我爸随部队开进了朝鲜，成了一名"最可爱的人"。

烈火一样的激情，伴着我爸的战斗岁月。因他文化水平比较高，在部队被分配干宣传工作。白天，他来到部队战斗一线，了解各连队的英雄事迹；傍晚，他就现编现写现唱，表演给战士们看。

那时候战士们唱的曲调千篇一律都是朝鲜的一个民歌曲调，最后结尾是"嗡嘿呀……"唱什么最后都是以"嗡嘿呀……"结束。这也好学，志愿军

战士们跟着学得都挺快。他在前面唱一句："二排战士英勇冲锋炸碉堡啊，嗡嘿呀……"战士们就跟着唱："嗡嘿呀……"反正不管他唱什么，战士们都跟着一起"嗡嘿呀……"后来就连附近的朝鲜老百姓也来跟着"嗡嘿呀"，那就更正宗了。总之，这个节目到哪儿都特受欢迎。

在战场上，对搞宣传工作的同志都要求做到"一专、三会、八能"。爸爸能编故事，说相声，又能唱，还能跳舞，扮演过侦察兵，也演过美国大兵。他还是非常称职的"引苦员"。

通常在大战役前，部队都要做战前思想动员，把战士们深厚的阶级感情及对敌人的满腔仇恨调动出来。我爸就到各连排"引苦"。记忆最深的是给战士们讲一个"瞎老妈"的故事：

刚加入文工团的老爸参与舞蹈演出

"瞎老妈苦啊……"在听到我爸一上来这句沉重的叹息时，本来还放松着的战士们立刻肃穆起来。我爸接着讲：

"瞎老妈有三个儿子，但不幸的是，在那万恶的旧社会，大儿子在抗日时被日本的炸弹炸死了，这老妈哭啊，哭啊，哭瞎了一只眼睛……后来，二儿子出去扛长活，回家的路上又被国民党反动派抓了壮丁，活不见人，死不见尸；这老妈哭啊，哭啊，另一只眼睛也哭瞎了。就剩下个三儿子相依为命，可万万没想到，老三也……"每当讲到这儿，战士们也都开始痛哭流涕了，并相继高呼口号："打倒……！""打倒……！"这个连队完成任务了，他又转到下个连队"引苦"去了。

据说，我爸当时是最受欢迎的"引苦员"。

前线，敌机无休止地轰炸。

缺水少粮，吃的只有炒面，没有蔬菜，每天连觉都睡不好。

有一天，我爸从一个阵地到另外一个阵地去演出，徒步翻过一座山时，他看得惊呆了，山冈上的墓碑一座连着一座，一片接着一片，漫过成片的山林，那是无数志愿军官兵在那场战争中用血肉垒起的最悲壮的"阵营"！一座座墓碑纵成列、横成排，坐北朝南顺着山势立起。每个碑石高二尺、宽尺余，上方涂刻着一颗红五星，标明着牺牲者的身份，所有的墓碑都朝着祖国的方向。

他在墓碑前站了好久，想起许多，一股悲壮的豪情久绕心头。

想一想他们，那是无数位烈士啊，有的连姓名都没有留下，他们舍弃家园把年轻的生命献给了祖国，献给了朝鲜人民，想到他们，生活再苦也不在乎了。自己还有什么不能付出、不可以付出的呢？

那场战争留给人们的印象大多是：中国人民志愿军无比英勇、顽强。也正因为如此，1953年停战了。

一专、三会、八能

上世纪50年代老爸兼作相声演员，他的幽默功夫可能来源于此

从朝鲜战场回来，原来所在的青年文工团改名为西南军区文工团。

我爸这时的工作仍体现着"一专、三会、八能"。在唱歌、跳舞当演员的同时，又兼舞台监督，还得拉大幕，同时还管催场。

我爸说当时最麻烦的是由他负责着台上的几盏"汽灯"。那时没电，演出照明是用"汽灯"，里边烧的是石棉丝，特别容易断，弄不好，一碰断全场就"黑"了，所以老得小心拖着它，可费劲儿了。

我见过一张爸爸那个时期的照片，那是他被评为单位的先进模范而照的合影。照片上有他们单位的全体同事，就爸爸一个人戴了朵大红花，坐在中间，看起来神情有些紧张。

爸爸说，那时候下部队搞宣传活动特别有意思，经常会发生趣事。

有一次，他们下部队慰问演出，路上要走很长时间，大家就在卡车上休息，爸爸和几个战友打起牌来。旁边有一个人，闲坐着没事，抬头看到头顶车架上悬吊着个背包带，随着车一晃一晃的，忽然想："上吊"是什么滋味啊？于是此人竟真的站起来，脚踩着两个背包，并把上面悬吊着的背包带套在脖子上，想体验一下。正在这时，卡车拐弯，一晃，他脚下踩着的两个背包滑开了，这位仁兄竟真的被吊了起来。

人被吊起来后，两只手可就抬不起来了，更喊不出来。其他人不是在睡

50年代老爸年年被评为先进

觉，就是在专心打牌，都没发现。这人也越发的急了，整个身体垂吊在车里，随着车摇摆不停，好在走的是山路，他身体晃动得越来越大，脚开始不停地撞到我爸爸后背。爸爸开始以为他在捣乱，还说"别闹，别闹"。说了几次发现他还是"撞"个没完，这时大伙才发现他是被吊起来了，赶紧救下。幸亏发现还算及时，那位老兄歇了会儿就没事了。爸爸后来提起这事时，觉得又好笑又万幸。

我和阎老有个约会！

一约就是十年，但总觉得没约够！

我要将约会进行到底！

王莉

永远的人民空军

我爸是1955年随西南军区文工团大部并入空政文工团的，就这样，在空军一干就是55年，直到现在。

像他这样在一个单位工作五十多年的，可是真不多见。

这里要简单叙述一下空政文工团的历史。

1946年3月1日，在东北民主联军航空总队的基础上，在吉林通化成立东北老航校，曾先后使用过"东北人民解放军航空学校"、"中国人民解放军航空学校"的名称，但空军的同志都习惯地称它为"东北老航校"。它是我们空军的摇篮。

1947年10月，刘亚楼任校长，常乾坤任副校长主持工作。

为发扬我军优良传统，活跃部队，宣传群众，于1948年10月在牡丹江市正式成立了"老航校宣传队"。

1949年4月，"老航校宣传队"一行40多人抵达长春，成为创建空政文工团的最基础力量。

1949年10月10日，"老航校宣传队"搬进了一座日本式的建筑，名为"日本神武殿"，当地人称之为"大庙"。从外观看，大庙十分的庄重气派，里面的面积足有大半个足球场，地上铺着地板，大伙儿进驻之后，铺上麦草、褥子，一律睡地铺，揭开被褥就能排练节目。

大庙成为筹建空政文工团的集结地，之后从各战场抽调来的数路文艺队伍在此集结整编，在此建团，直至1951年6月迁往北京。

可以说，长春大庙是空政文工团的诞生地。

最早北上长春到老航校宣传队报到的，是1949年5月从辽东军区政治部宣传大队抽掉的一部分同志。

1949年11月，"四野"后勤部六分部宣传队20余人与老航校宣传队会合，住进大庙。

1949年10月25日，中央军委任命刘亚楼为空军司令员，萧华为空军政委兼政治部主任，后来中央军委确定1949年11月11日为中国人民解放军空军成立日。刘亚楼、萧华在空军创建初期百忙之中对正在筹建中的文工团给予了极大的关心。

1949年11月中旬，空军政治部宣传队第一次在北京东四牌楼附近的蟾宫电影院举行正式演出。

1949年12月，经刘司令员批准，空政文工团筹备负责人辛柯在北京刻了枚公章，正方形的，上面刻着"中国人民解放军空军政治部文艺工作团"，那时文工团依旧在长春大庙，不时有新的同志前来报到。

1950年3月，北京的空军政治部宣传队也来到了长春，"老航校宣传队"的老同志丁家岐在日记中写道："人更多了，更乱了。"

现在空政歌舞团将建团的日期确定为1950年3月25日。应该说有两支队伍在最初的组建中发挥了重要作用，一是"老航校宣传队"，二是

十四兵团宣传队。

在初期参加文工团的同志中，很多是有文化、有热情，但缺乏专业的文艺训练，所以来的多，走的也多。真正被文工团留下来，再进北京的并不多。

1950年4月8日，在长春二航校，第一次以空军政治部文工团的名义正式举行了对外演出。那也是空政文工团成立后的首场演出。

1950年6月，又一支有生力量——胶东文协文工团抵达长春，住进大庙。他们中很多人从事文艺工作时间很长，业务水平高，无疑是一大生力军。

这一时期的文工团名称为"军委空军政治部文工团"。

1950年9月，全团起程开赴北京城，但这一次没有定居，而是在北京巡回演出了一圈，又回到长春大庙。这一时期直到1951年，文工团大本营依然是长春大庙。

1950年11月25日，刘亚楼司令员第一次接见整编后的空政文工团。

1951年4月，文工团正式从长春迁往北京，大家先是分散住在南苑的小客店或民房里。6月，迁至西山八大处。至此，空政文工团正式告别了让很多老同志怀念不已的长春大庙。

1952年，文工团迁至北京市东城区八大人胡同10号，也算是从郊区进了城。

1952年7月，空政文工团参加了"首届全军文艺汇演"，但这次成绩一般，仅拿了三个三等奖。全军第一届文艺汇演结束后，空军领导发现了文工团在艺术创作上面的差距，下力气寻找人才，招兵买马。

1953年，原本奉命北上，准备加入志愿军炮兵文工团的川南军区文工团，一行30多人，被空军副政委王辉球留在了空军，加入了空政文工团。

1954年，从朝鲜战场回来的空三军文工队也加入空政文工团，在"第一届全军文艺汇演"结束后，陆陆续续调进100多人，实力明显增强。

1955年，随着西南军区撤销，西南军区文工团歌舞团正式划给了空军，120多人浩浩荡荡离开山城，北上首都，我爸就在这一北上的行列中。

阎肃不严肃

据长辈说，我爸是个很勤奋的人，非常用功，干什么都力争干到最好。

调入空政文工团后，他就开始慢慢往文学创作方面发展。

在我看来，爸爸一生好像没过过星期天，有时就算周末上午和我们玩会儿，下午又会回到工作状态，在他年轻时更是这样。他把几乎所有的业余时间，都用来阅读戏剧作品、文学作品及看戏上了。

他对各种形式的戏剧、曲艺都认真学习，广泛涉猎。像川剧、清音、单双簧、四川评书、越剧、梆子，什么都看、都学，哪个剧种有什么绝活，精彩的段落他都清楚。

上个世纪50年代，空政文工团领导为了提高创作人员和主要演员的艺术修养，举办过文学讲座，由阎肃、朱正本、文采讲课，一周讲一次。

阎肃讲散文，讲过清朝袁枚的《祭妹文》、明朝刘基的《卖柑者言》等。

文工团的歌唱家张映哲曾说："到现在我还能想起阎肃是怎么给我们讲诗词的：手舞足蹈地从广寒宫里的嫦娥、吴刚说到高山大川，再从李白、杜甫说到郭沫若、毛泽东。从天上到地下，从古说到今，阎肃说得天花乱坠，大伙听得心旷神怡。"

有时，我爸讲完一段，再由张映哲唱一段，找找感觉。

"下部队演出，坐火车、汽车，大家都喜欢把阎肃往自己跟前拉，给他

拿糖、拿瓜子，巴结他啊！好让他讲笑话啊！他肚子里的故事也不知咋那么多。有他在跟前，保证你笑得前仰后合。"

在团里，我爸还经常教一些小学员学古诗词、古文，当然有时他也会编些故事瞎说一气的，谁让他本就不是个严肃的人呢。

说到爸爸的不严肃，还要再提一下他改名字的原因。

那是在西南文工团时，因为他总是爱开玩笑，讲故事，爱说爱闹的，就有人给提意见了，说他不太严肃。我爸一想，你们不是说我不严肃吗，那我干脆把名字改为阎肃，看你们还能不能说我不严肃。

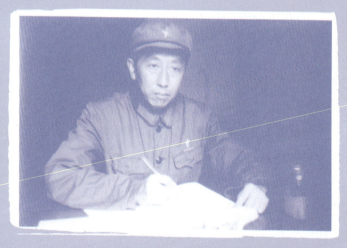

太严肃了吧

就这样，名字真改成了阎肃，可就算改了名，爸爸仍然严肃不到哪儿去。

我见过一段资料是这样描写当时的爸爸：

在团里，阎肃不严肃，爱逗乐，说笑话，喜欢编一些顺口溜、打油诗什么的。说起话来跟说相声似的，常把人逗得捧腹大笑。

可是他在生活上还是很严肃的，日子过得很节俭，不讲穿戴，不乱花钱。一个月才几十块工资，偶尔好不容易赚点稿费，只不过五块八块的，都贴补到重庆家里了。

文工团其他一些人拉拉扯扯、黏黏糊糊地忙着跟姑娘纠缠谈恋爱，阎肃并不着急找对象，结婚挺晚。工作上一丝不苟，非常认真。识谱能力强，能说能唱，还有表演能力，是合唱队里的一名骨干。

中南海任务

　　1958年之后，每逢周末，团里有时会安排一些乐队、伴唱及舞蹈演员去中南海参加晚会演出，或和共和国领导人搞小型联欢舞会，地点通常在中南海春藕斋、怀仁堂、小礼堂等。空政文工团内部称之为"中南海任务"。

　　一般到了约定时间，中南海便会派出几辆吉姆小轿车到文工团接人，那时候元帅坐吉斯，将军坐吉姆，他们享受的是将军待遇，去多少人，派几辆车，都是事先定好的。

　　有些书刊把这类活动称为"舞会"，并不准确，因为不光是跳舞，还有文艺节目，去的人，乐队、说唱演员、舞蹈演员都有，包括京剧演员马长礼、相声演员侯宝林、马季等都去过。

　　那时候中央领导与民同乐还是比较普遍的。

　　当然节目过后，有时也会嘣嚓嚓的跳上一段儿。共和国几位领袖，由于年龄、生活习惯的不同，来的情况也不一样。

　　朱德一般是晚饭过后，散完步才不紧不慢地来了，有时一个人来，有时康克清陪他来。朱老总岁数大，来得早，走得也早，跳一阵子舞，舞步就像拉着小孙女儿散步，再跟大家聊会儿，九点过后就回去睡觉了。

　　毛主席一般十点以后才来，跳跳舞，拉着舞伴慢慢地兜圈子，有时跳着跳着突然把舞伴儿往沙发上一放，拉起另一位舞伴儿再跳。有时仅是随着音

乐节奏挪动脚步，跳到半截儿，扔下舞伴儿，坐到一旁休息室抽烟，考虑问题去了。每当这时候，谁都不敢去惊扰他。

毛主席喜欢听京戏，也看其他节目，兴致来时跟大家聊会儿。十二点过后就回屋继续办公了。

刘少奇有时和王光美一道来，有时女儿小小也被带来，他俩跳得不错，尤其王光美跳得好。

周恩来出席晚会一般都是为了找毛主席谈工作，俩人也形成一种默契，休息时便坐到一块儿商谈，如果事情不着急，谈完话周恩来也会兴致勃勃地跳一会儿。就数他跳得最好，三步四步都很规范。

"中南海任务"好像始于1958年10月1日，一直延续到"文化大革命"开始。

我爸也去过好几回，他说第一次去的是中南海春藕斋，参加一个小晚会。

看见了几位开国元勋，当时挺激动，临走时还悄悄从门口的一盆万年青上摘下一片叶子带回家，以此留念。后来去的次数多了，觉得不能再摘了，要是每次都摘，那盆万年青就得成秃子了。

每逢节日，他们也会配合"中办"在中山公园或天安门搞个小型演出。

有一次国庆节，他们在天安门城楼上演出，好像是为欢迎越南胡志明主席。

演出间歇，我爸突然内急，工作人员就送他去了卫生间。

在他小解时，旁边又进来一人，他也没仔细看，只是觉得那人个子挺高，顺嘴儿跟他说：

"真没想到啊，这天安门城楼上竟然还有厕所啊？"

那人答道："嗯，是啊。"

他又说："而且真是干净啊。"

那人又答："是啊。"

这时他"解决"完了，扭头一看，旁边站着的是国家主席刘少奇同志，吓得他连手都没洗，赶快跑了。

勤俭和杂货铺

爸爸和姑姑合影。姑姑一直很崇拜她大哥，基本上视为偶像。

因为要养家，爸爸的节俭在全团是出了名的。

他把开始每月的津贴及后来改发的薪金几乎都寄给奶奶，帮着养家及负担弟弟、妹妹们的学习和生活费用。从开始时的五元六角，然后是十五六元，后来成了三十五元。随着工资的提高，他每月最多时能给家里寄五十元钱，自己却舍不得吃，舍不得穿，几乎没给自己买过衣服。

记得小时候，看衣柜里也有几套爸爸的衣服，毛料的也有，但那都是单位统一发的，要不就是军装了。一件背心爸爸能穿很多年，破了几个大洞他也无所谓，还照穿不误。小时候我对爸爸的勤俭节约非常不以为然，长大后才知道，爸爸已经养成习惯了。

虽然其他方面节俭到家了，但在买书、看戏方面，爸爸还是保留了点最低消费。他那时自己留下的那点儿钱，不是买书，就是看戏。

爸爸曾说他30岁以前的休息时间不是看书，就是进戏园子，没玩儿过别的。

他对自己看戏的特点总结为一个字"杂"。

北京人艺在二十世纪五六十年代上演的剧目，他一出也没落下过。电影、京戏那就更不用说，曲艺、交响乐他也常看。钱少就买最差、最便宜的票。就连一些地方小剧种的戏，小剧场里演的节目爸爸也都会去看。他说，就是爱好，没什么道理可讲。"爱好"这个老师让爸爸受益匪浅。当然他的"爱好"决不是简单的"消遣"和"玩票"了。

爸爸看书更算得上"杂"，可说是包罗万象，像中外戏剧、文学名著，他更是刻苦阅读。记得我们家里有一套《四川戏剧集》，爸爸一直很爱惜，说那套书对他的启发最大了，也看得出他对四川、重庆的感情一直很深。

他曾说，四川话是全国最幽默的语言。

爸爸一直能说比较地道的四川话，家里要是来了四川的客人，他一定要用四川话和人家聊天。以前还给我讲过一个四川方言的笑话：

抗战时期，在重庆街头，青年学生们在大街上做抗日宣传演讲，用普通话说的。大意是：日本人太坏了，霸占了东四省！（当时东三省加上热河并称为东四省）还抢走了烟台！后来，还有青岛！我们一定要……

一个老头儿刚巧路过，也看不清楚，只是远远地听了听，摇摇头苦笑而去。回到家里，老婆儿问："那些青年娃儿讲些啥子么？"

老头答道："没球啥子大事，是说哪个董四嫂（东四省），丢了烟袋（烟台），过后，又擒到（青岛）喽。"

爸爸对书的爱惜也令我非常敬佩。他几乎把每本书都包上书皮，如果书皮破了，他就会换。他包的书皮花样很多，有对角折线的，有折单角的，还有折单边双角的。这些包书皮的技巧，他在我上小学时，也都传授给我了。包书皮的纸也都非常讲究，厚一点儿的书，就用旧挂历、牛皮纸，薄的书呢，就用旧刊物的内瓤。现在去我们家，两面墙的书柜里，很多书都几十年了，还依然崭新如初。

爸爸在我小时候就说过，你要能把我的这些书全都看一遍，你就是有学问的人了。说来惭愧，直到现在，我也没看多少。

▌处女作终于发表了

我爸在文工团合唱队时，先后担任过演员、业务秘书、分队长、业务助理，凭借着自身深厚的古诗词底子和才华，当然更重要的是他的勤奋，开始在业余时间，尝试着创作诗歌、歌词，并试着给报社、诗词刊物投稿。

投稿、退稿、修改、再投稿，这成了我爸当时工作之余的工作，并上瘾了。

终于"开和"了，成功来得那么突然又那么自然。

那是一首他写的歌词被上海的一本歌词刊物《满江红》发表了，歌词的名字叫：《我的银燕是祖国造》。这个"伟大"的刊物现在还在，真可算是发现了一个人才。

说实话，这歌的名字现在听起来都有点不像是歌名。

后来我问起过爸爸的这首"处女作"，但他老人家实在是一句也想不起来了，登歌词的那本刊物也没留下。

但就是这首看起来都不像歌的歌词，在当时给了老爸极大的鼓励，因为，他的作品终于发表了，印成铅字了，还有稿费！于是有了更高的热情，随后，又发表了一首歌词 《公共食堂好处多》：

公共食堂好处大／灾荒困难全不怕／男女老少聚一堂／亲亲热热如一家／公共食堂好处多／省时省工省柴火／不需家家开小灶／全村共享一口锅

当时正值"大跃进"，全国上下大搞人民公社，出现"人有多大胆，地有多大产"，亩产万斤粮等倾向。于是各地办起很多公共食堂来，哪儿想得到，没过多久，就办不下去了，因为根本就没有那么多粮食嘛。老爸的这首歌也就赶快收起来了。

现在的年轻人看来可能会觉得可笑，这是那个年代的产物。但对爸爸来说，就不仅仅是时代的需要了，也真是他老人家的心声。因为爸爸这大半辈子，是真的酷爱吃部队的大食堂。他常跟我说："除了我妈和你妈做的菜，其他的，甭管是什么大酒店啦，餐厅啦，我都觉得不如我们食堂的伙食好。"从这儿看，他的"口号之作"还真是肺腑之言。

除了唱歌，他还说过好几年相声。

在1956年4月空政文工团沈阳演出的节目单里，就有阎肃、孔宪铨二人说相声。虽然我没见过老爸说相声的场面，但从他平时糊弄我的本事上，也能想象出他说相声的风采。

1958年6月4日，《人民空军》发表了阎肃作词、黄河作曲的《把总路线的红旗插遍全中国》，正式标志着他的歌词创作起航了。

1958年6月6日，《人民空军》发表了阎肃创作的数来宝《歌唱总路线》：

　　　　"竹板打，响连天，听我来唱总路线。

　　　　总路线，像灯塔，照着全国人民齐向前。

　　　　鼓足干劲争上游，多快好省加油干。

　　　　别看总路线是一句话，它有许多基本点。

　　　　……"

我在家收拾废旧报纸时，看见过1962年9月19日《空军报》刊登的名为《肯尼迪直冒汗》的三句半，作者阎肃。

　　　　美国国务院，手忙脚又乱，U-2被打掉，咋办！

　　　　召开紧急会，秘密来商谈，五个小时没谈完，真难！

　　　　打开无线电，骂声一大片，全世界人民怒吼："战犯"！

　　　　这还不算完，继续去捣乱，间谍飞行是国策，再干！

尝试写剧本和演戏

我爸自从1955年调入空军后，就觉得特别神气，他虽不是战斗人员，但对部队的战斗英雄、机种、雷达站、维修站、试飞员，乃至后勤的仓库、农场都非常清楚熟悉。这是因为他打心底里热爱空军这支战斗部队。

在空政时，他也经常下部队搞慰问宣传。那时下部队是很艰苦的，但他总能在苦中找乐，也很爱编笑话段子。有一个段子至今我也闹不清是真事儿还是玩笑。

话说有一次下部队，当地部队的团长念参谋帮着写的欢迎稿，其中有一段话是："空政文工团长途跋涉来到我团，慰问演出，给了我们很大的鼓舞。"

因这位领导不太认识跋涉的跋字，而且这段话末尾的鼓舞两字又分写在了两张纸片上，就被那位领导用浓重的山东口音大声念道："空政文工团长，这个途，这个途，途什么涉啊，来到我团，慰问演出，给了我们很大的鼓。"他翻篇一看，接着说："噢！原来还有一个很大的舞。"

我见过一份上个世纪五六十年代空政文工团整风运动中揭发批评老爸的材料，是这样写的：

"阎肃，利用给舞蹈队少年班学员讲故事散布毒素。经常给少年班讲些鬼怪、惊险故事，还讲过《聊斋》《天方夜谭》《基督山恩仇记》（大仲马著，一般人禁读）。当干部提醒他时，他并未重视，还向学员们说：'以后咱们不讲这些，咱们讲共产党万岁！'……后来，团领导还专门召集学员们开会，来肃'阎毒'……"

老爸下部队与战士合影

从以上揭发材料中可以看出，我爸爱好文学，喜欢读中国古典小说和外国名著，肚子里装了不少平平仄仄的唐诗宋词。白天合唱队排练，敞开嗓子吼，吼完了闲下来就琢磨写东西，开始写点诗歌，慢慢又开始写剧本。

1958年春天，全国开展爱国卫生运动，消灭四害，我爸写了一个街头剧《不准随地吐痰》，团里一看能配合上形势，马上组织排演，而且是到天安门广场现场演出。

26岁的老爸被光荣地安排在剧中扮演随地吐痰者，结果，不知是因为他演得太像了，还是演得太过了，真的被几个戴着红领巾的小学生围住他不让走：

"你这个同志，不讲卫生，随地乱吐痰！"

"我没乱吐痰。"老爸忙向小学生们点头哈腰。他的好态度越发使红领巾们觉得他像个坏蛋，有个学生大声说："还想耍赖！我们都看到了，就在刚才。"

"刚才？我那是在演戏呢，小同学，别误会。"

"不是误会，演戏也不能真吐！"

初露锋芒——"刘四姐"

1959年7月，全军第二届文艺汇演，阎肃的名字引起了更多人的注意，因为在空政歌舞团的节目单里，一下子推出了他的五个作品：《飞行员爱唱那欢乐的歌》、《我们的机场》、《小燕子》、《战地高歌》、《家乡的龙门阵摆不完》。要知道这时候爸爸还是个"长翅膀"的非职业创作人员。

在20世纪50年代后期，我爸创作的作品多了起来，不仅有歌词，还有诗歌、相声，还写了个活报剧《破除迷信》，反映很好。之后，又创作了他的第一部歌剧——独幕歌剧《刘四姐》。

1960年，我爸看了一部独幕话剧《活捉罗根元》，剧情反映的是胶东某游击队与土匪斗争的故事。他觉得剧情不错，据此重新加工和扩展，改编成了独幕歌剧《刘四姐》：

剧中描写在抗日时期，机智、勇敢的女游击队长刘四姐，为了从敌人手中救出被捕的张书记，乔装打扮，混进敌伪肖司令家中，智取敌人的故事。

《刘四姐》是一部类似惊险片的情节戏，充满悬念。该剧由空政文工团排练，先后在北京、福建、江西、东北等地演出获得成功，受到人们的一致好评。在福州市演出时，福建省文联专门邀请文工团的同志去介绍创作经验，还被不少地方戏移植过去。

我爸对这部戏一直很喜欢，说是"文武带打"的，很是热闹。直到现

舞台排练中的老爸

在，有时高兴了，还会在家里哼唱两句剧中反派"肖司令"的唱段：

卧牛镇上称霸王，
谁人不知我肖子章；
救国军里当司令，
全凭这腰中两支枪。

因为这部戏的成功，于是领导决定调他专职搞创作。

我爸虽然喜欢写作，可其实并不情愿专职搞创作。他还是喜欢有机会当演员的，尽管演的都是配角，但仍觉得上台演戏很好玩儿，过瘾。而搞创作呢，有时候接到任务是要硬憋着写的，正如郑板桥所言"作文勉强为，荆棘塞喉齿"。但对组织的决定，他二话没说，服从了安排。一切听从党召唤，是他们那一代人的信念。

《我爱祖国的蓝天》

　　为了更好地为部队创作，贴近连队生活，1959年春节刚过，有一件让老爸没想到的事发生了。

　　空政文工团老团长黄河、政委陆友找他谈话，让他下连队当兵去。阎肃担心地问，下去了我还能回来吗？老团长不说行也不说不行，搞得他是"十五个吊桶打水七上八下"。

　　就这样老爸被下放到广东沙堤某空军基地深入基层生活一年，开始时任空军机械员。

　　到部队的第一天夜里，整个部队突然紧急集合！

　　各连队的集合号同时吹响。老爸也和其他战士一样，一跃而起，手忙脚乱之间打好背包，向连队集合地点跑去。

　　因他刚到部队，就认识个大个子二班副，集合列队跑步都是紧跟着这个大个子后面跑。夜里急行军中，几个连队交叉而过，他也是一直紧盯着这个大个子。跑着跑着，他忽然发现连长换人了；等到天再亮点儿，一看，大个子也不是原来的那个大个子了，这才知道自己跑错连队了。他本是五连的，却跟着三连跑了大半夜。

　　后来老爸也学"油"了，为了避免再次出现夜里紧急集合时措手不及，就专门准备了两套被子，一个睡觉时照常用，一个永远打成背包，放在床下待命。

那时白天除了在机场战斗值班外，晚上还要收拾菜地。老爸那时绝对是一名合格的空军机械员，擦飞机、充氧、充冷、充气、加油、分解轮胎等等，干得又快又干净。

他现在还经常提起战机的起落架最难擦了，因为起落架距地面的高度让人犯难：人站着吧，站不直，坐着呢又够不着，当然也不能搬把椅子来啊，只有让腿保持半蹲的姿势擦，还一定要把上面的沙土全清洗干净，可累了。

那时正赶上国内三年自然灾害时期，生活挺艰苦，他总记起诗人柯仲平写的诗："埋头，埋头，天不怨，人不忧……"

老爸对待艰苦的方法一贯是苦中作乐。那年的中秋节，连队发给每个人一块"黄糖"月饼及水果糖等，他即做"歪诗"一首，在"军中"广为流传。

黄糖饼一个，水果糖两颗。

蹉跎，蹉跎，三十一了哥哥。

老爸那年按虚岁算已经31岁了，还没结婚。

爸爸见到飞机总喜欢抚摸几下，更忘不了擦飞机的经历。

每当只剩下自己时，会有一丝孤寂悄然漫过心头，也使得老爸常常一个人，躺在草地上注视着广阔的蓝天和壮丽的云霞，一种莫名的感觉，直冲胸臆。就这样，老爸创作了后来一直深受广大空军指战员喜爱的歌曲：《我爱祖国的蓝天》

我爱祖国的蓝天/晴空万里，阳光灿烂/白云为我铺大道/东风送我飞向前/金色的朝霞在我身边飞舞/脚下是一片，锦绣河山/啊，水兵爱大海，骑

兵爱草原/要问飞行员爱什么/我爱祖国的蓝天

　　我爱祖国的蓝天/云海茫茫，一望无边/春雷为我擂战鼓/红日照我把敌歼/美丽的长虹，搭起彩门/迎接着战鹰，胜利凯旋/啊，水兵爱大海，骑兵爱草原/要问飞行员爱什么/我爱祖国的蓝天

　　记得我们院里有个年轻军官曾说，他当年就是听到这首歌后，才立志要报名参加空军的。

　　《我爱祖国的蓝天》创作于1960年底，流行于1963年，可以说不论走到哪个机场、雷达站，只要是中国的空军部队，几乎人人都会唱《我爱祖国的蓝天》。

　　几十年后的今天，这首歌听起来依然让人激动，斗志昂扬。可以说这首歌激励了几代空军战士，为国争光，热爱祖国，热爱空军。

　　爸爸说，生活就是这样：最苦的时候往往也是最快乐的。当你给予生活时，生活自然也会回报你。

　　当兵一年后，爸爸代理中队副指导员。指导员休假了，就由爸爸在机务中队负责工作。

　　在这期间，他和战士们打成一片，感情很深，同时也体会到责任的重要。

　　有一个周末，上级通知有慰问演出，大家都很高兴。爸爸代表连队去迎接，一看，来的竟然是空政文工团的老战友们，而且演的剧目就是爸爸写的《刘四姐》。

　　他当时觉得没有比这更好玩儿的了。在他代表部队致欢迎词时，他说一句，底下笑一阵。

　　那年春节，爸爸和作曲家姜春阳、羊鸣等几个老战友一起值班，没有回家。部队发给他们每人十几块糖和十根"一支笔"牌香烟，爸爸建议玩玩儿游戏，正好可以拿糖和烟当"彩头"，大家都同意了。于是爸爸就教他们玩"梭哈"，一种赌场里盛行的纸牌游戏，估计是他小时候跟爷爷学的。结果，不到一小时，所有的糖和香烟都到他兜里了。

才子佳人一拍即合

　　爸爸是晚婚模范。因为多年来要供养母亲和弟弟、妹妹，而且又一直勤奋学习、工作，自己的个人问题也就一拖再拖，眼瞅着都过三十了，也没顾得上自己的婚姻大事。爸爸和我说过，之前也有人给他介绍过一位女同志，不过人家嫌我爸穷，人又太瘦，没看上他。

　　在爸爸结束下基层回到北京后，当时任空政文工团团长的黄河替他着急了。

　　黄河原是晋察冀边区的老八路。抗日战争时和我的大姨姥姥林野同在冀东军分区的尖兵剧社。黄伯伯还是我大姨姥姥的入党介绍人。

　　有一次在他们的老战友聚会时，黄伯伯说，我们空政有一小伙子，才子一个，至今未婚。我大姨姥姥听后立即说，我有一外甥女儿，校花一朵，尚未婚配。两位老战友说完哈哈大笑，一拍即合。

　　就这样，经组织安排，我的爸爸妈妈这对才子佳人走到了一起。

　　妈妈李文辉，祖籍河北省，出生于遵化县驸马寨一个生活富足的大户人家。

　　太姥姥名叫黄善堂，祖上是浙江绍兴人，是清朝皇宫"内卫"黄天霸的后代，并世袭负责拥兵驻守位于遵化县马兰峪的清东陵。

　　太姥姥和太姥爷都是家中的独生子女，为使婚后儿孙满堂，特按风水先

生的指点，在一片皇上封给黄家的依山傍水的山林地上，建立了新的家院。这里鸟语花香，门前一条小河蜿蜒流过。宅院后山上长满了青松翠柏，四周栽种着栗子树、核桃树、枣树、柿子树、桃树、杏树、梨树、山楂树，几乎北方的果木都全了。

说来也神，风水真的应了人丁兴旺。太姥姥在连续生下四子之后，又先后产下五位千金。我姥姥就是家中的二姑娘，大姨姥姥是大姑娘。

太姥爷张玉堂是远近闻名的大善人，深明大义，乐于助人，待人真诚侠义，其家中三子、四子，也就是我的两位舅姥爷，从小习练"黄家"武术，行侠仗义，又满怀爱国热情。

在抗日战争时期，出钱买武器、粮草，组织了抗日武装，使冀东一带的日本军闻风丧胆。但因被奸细出卖，在1943年的一个夜晚遭到日军"围剿"，队伍损失惨重，突围的人均下落不明。

太姥姥及太姥爷视英勇抗日的八路军亲如子弟。冀东著名的八路军将领、军分区副司令员包森将军，就经常率部驻扎在张家大院。包将军每到太姥姥家，都亲切地称太姥姥为妈妈，称太姥爷为爸。

据说太姥姥曾坐着四挂大马车，怀里抱着一挺轻机枪，装成怀抱孩子的样子，通过了数道鬼子关卡，把机枪交给了包森将军。不幸的是，这位威震冀东的八路军将军，在1943年的一次战斗中

妈妈的锦绣年华

中弹牺牲了。

但他的爱国之心，深深感动了张家大院。张家长女张少珍，也就是我大姨姥姥，就是在包森将军的引导下，走上了革命道路。

大姨姥姥是我们家非常传奇的一位长辈，她是在抗日战争最艰苦的1941

妈妈真是校花

年参加革命的。当时加入了冀东军分区的尖兵剧社，成为一名文艺战士，并将名字改为林野。

在1945年8月对日的最后一战中，大姨姥姥所在的尖兵剧社被日军包围。子弹打光了，她和另外一位女战友，继续用石头砸向敌人，终因寡不敌众被日军抓住，视死如归，决不投降。万幸的是，没过几天就因日本战败投降而获救。

解放后，大姨姥姥先后任北京越剧团团长、中央歌舞团办公室主任。家里的很多晚辈，都得到过她无私的帮助。大姨姥姥一直身体都很好，六七十岁时，依然健步如飞。现在已是92岁高龄了，我们都希望她健康长寿。

姥姥张少芝，善良，美丽，在1936年嫁给了从东北逃难进关的姥爷李盛林。开始也住在遵化县老家，妈妈、二姨和大舅都是在那儿出生的。

对于妈妈小时候的回忆，我觉得最搞笑的一件事是：姥姥家的一个长工，名叫树林子。有一次他回家探亲，回来的路上，饿了，竟用他媳妇换了几个大饼吃。回到姥姥家，被姥姥知道后，臭骂一顿，拿钱给他才又去把媳妇赎回来。

1945年日本投降后，姥爷怀念起东北老家，于是1947年带着全家回到了东北鞍山。但因姥姥不习惯东北的水土、气候，又怀念河北，于是1948年初又从鞍山乘火车到沈阳，打算再转车回北京。没想到，辽沈战役开始了，沈阳到关内的火车全不能通，一家人只好在火车站附近的小旅店里住了下来。因战事的持续，住旅馆的花费又大，一家人就搬到沈河区小南门外的一个四合院里租住了下来。

谁想这一住，就再也没走成。随后沈阳及东北全境都解放了，姥姥、姥爷一家人，就这样，稀里糊涂地成了沈阳人。

妈妈比爸爸小7岁，是家中老大，美丽大方，聪明勤奋，学习很好。在读完初中后，为了尽早工作以减轻家中负担，即选择了一所中专——沈阳卫生学校读书。毕业后，先后在兴城、涿州工作，在部队任军医。

坐着的是我太姥姥，右一是大姨姥，中间站着的是大姨老爷，左一是小姨姥姥

认识爸爸那会儿，据说妈妈曾在那年代特有的生活会上，被别人提意见说她"好结交知名人士"，估计是说爸爸呢。

妈妈的几个妹妹都不太同意她嫁给我爸，原因有三，嫌我爸一矮，二丑，三老。后来妈妈还是嫁了，当然妈妈算好看的了，哪儿还用得着爸爸也好看啊。

爸爸总结妈妈当时可能是看上他有四个优点：老实、诚实、结实、忠实。他呢，主要是对妈妈的职业挺满意，觉得家里有个医生，老少三辈都受益。这叫什么恋爱观啊？

但对于爸爸的身高没有比妈妈高多少的问题上，妈妈说，她是被爸爸骗了。因最早见到的是爸爸寄来的一张照片。爸爸当时比较瘦，脖子又伸得挺长，妈妈就误以为他个头还挺高的，于是就同意了。直到后来见面后才发现有点儿上当，但已晚了。

不同辈分的夫妻

1961年爸爸妈妈结婚了。

当时的婚礼很简朴，妈妈在结婚前从涿州空军某航校来到北京，在街上买了块布料，自己做了条裙子，就算是婚礼的礼服了。爸爸给妈妈买了双皮鞋及其他饰物，反正身上所有的钱都花光了，自己穿着笔挺的军装，那时他肩上扛着上尉军衔。

正值国内"三年自然灾害"刚结束，国家属于困难时期。粮、油、糖都要票，布也要票，婚礼上只好买的是铁盒的"高级糖果"。爸爸向来人缘特好，婚宴上来了很多客人，大多是他团里的同事和领导，非常热闹。

我姑姑曾说她从未见过那么热闹的婚礼。

团长、政委先后致辞祝贺，我大姨姥姥也代表娘家发了言，说："感谢空政为我们培养了这么好的姑爷。"

政治处也给爸爸妈妈送来贺礼，是一镜框装的毛主席语录：千万不要忘记阶级斗争！

来的宾客中有乐队的、歌剧团的、话剧团的，人才济济，都能安排节目，也都会捉弄新人。大家弄了很多节目，其中有个节目叫"采茶扑蝶"，是要求我爸爸边唱边跳，并拿条枕巾围在腰上，又拿条毛巾把眼睛蒙住，手持一把芭蕉大扇，必须扑着我妈妈才算完成。大家呢，都围着爸爸拿着枕头

逗他，不时"尖"着嗓子学妈妈叫"我在这儿"，弄得爸爸扑来扑去，却总扑不着"正宗的蝴蝶"。

还有一个节目叫"怀中抱月"。大伙儿让爸爸抱着妈妈，并在嘴里含着一块糖，含糊不清且又深情地说："啊！美丽的月亮，我的心在荡漾，令人神往……"说完话，就要求爸爸把含着的糖送入妈妈的嘴里。这时新娘本该说"甜不甜？"但因妈妈是医生，习惯性地问了一句："卫生不卫生啊？"弄得大伙儿哄堂大笑。闹洞房一直闹到深夜，大家唱啊，笑啊，歌声不断。

第二天，大家一起去了当时很著名的"康乐酒家"，吃常静师傅做的名菜"桃花泛"。这在当时是最高级的饭菜了，不仅收钱，还花了不少粮票。

爸爸妈妈就这样结成了夫妻。但有件事一直很搞笑，他们俩不是一个"辈分"的，我总说他们是差着"辈儿"的夫妻。

因爸爸那时的团领导黄河，跟妈妈的姨妈是战友，所以妈妈得管黄河叫黄伯伯。但爸爸呢，和黄伯伯是同事，也差不了多少岁，也就只能叫大哥了。

爸爸和妈妈的结婚照。不敢乱议论。

这下可好了，我有时陪爸爸妈妈一起去看黄河伯伯，进门时爸爸对我说："叫黄伯伯好。"我就叫："黄伯伯好"。可我刚叫完，听妈妈也是叫"黄伯伯好"。等到临走时，妈妈拉着我说："跟黄爷爷说再见。"我只好说："黄爷爷再见。"唉！可真乱。

不仅如此，有很多人给我们家寄贺年卡、明信片都这样写：

阎肃叔叔、文辉大姐：新年好！

开始时看不懂，后来就习惯了，反正他们俩真不是一个"辈分"的。

歌剧《江姐》创作始末

爸爸在单位有位忘年交——作曲家姚明。一次在酒桌上，姚明说："知道吗？阎老肃，阎老，那可是半个世纪的名人啊！"这句话，他诚恳地对桌上每个人说上十七八遍，这大哥喝高了。

这些年，大家熟悉阎肃的名字，可能有的是通过爸爸写的一些歌词，有的是看到在中央电视台青年歌手大奖赛等节目当评委、嘉宾等。其实早在四十多年前，爸爸就已经开始红透大江南北，因为他创作了当时家喻户晓的大型歌剧——《江姐》。

在爸爸结婚后不久，山东《剧本》月刊发表了爸爸的独幕歌剧《刘四姐》，因此得了一笔稿费，大约200块钱。这时团里又批给他20天探亲假，临走前，爸爸请《刘四姐》一剧的作曲、导演及演员们大吃一顿，还是在康乐酒家。

酒浓肉香之际，有人说："阎老肃，咱们别吃完这次就没了呀！以后还得接着吃啊。"

旁边立刻有人响应着："对呀，刘四姐吃完了，再写个别的吧。"

爸爸哈哈一笑说："那还用说，我早想好了，这儿还有一个姐哪。"

大家忙问："谁啊？""还有哪个姐？"

"江姐啊，红岩里的人物，我把她写成歌剧，肯定错不了。"

的确，爸爸早就计划好了，他要创作一部大型歌剧。题材呢？他想到了有他成长足迹的重庆；想到了初期投身革命活动的日日夜夜；想到了重庆地下党组织的英雄们；同时也受到了在当时社会上引起广泛流传的小说《红岩》的启发。爸爸对重庆熟悉，对城市、农村生活都熟悉；对地下党熟悉，参加过学生运动，闹过学潮，参加过土改，参加过清匪反霸，可以说对特务也熟悉。

爸爸给在《江姐》中饰演沈养斋的黄寿康叔叔说戏，看这两个人都像反派。

在坐火车到了妈妈当时的工作地涿州空军某航校后，每天妈妈照常上班，爸爸就在妈妈不足十平方米的小屋里开始了创作。除去来回两天路途，在剩余18天里，爸爸的才华得到了充分地发挥。

假期结束，爸爸回北京时，也带回了刚完成的歌剧《江姐》剧本。

看过剧本，空政的领导很重视，随即召开创作会议。会上，听我爸念完

67

《江姐》剧本后，大家都很兴奋，都觉得一定要下大力气搞好这部戏，作为空军文艺工作者对祖国的献礼。

新中国第一任空军司令员刘亚楼上将曾经说过："我一手抓文，一手抓武，每年能打下一架敌机，演出一台好戏，我的日子就好过了。"

刘亚楼这句话将空政文工团与作战部队相提并论，看得出在他的心目中是把文工团当做一支能打能战的部队来用的。

刘亚楼对《江姐》可以说是关怀备至，多次把我爸叫到身边，一起商讨、修改。

爸爸曾回忆说，刘司令员为人刚毅，谈吐儒雅，脾气暴躁，在空军说一不二。有时他亲自看到一些高级将领、军官受到刘司令员的严厉批评，还都"笔管条直"地立正。他那时又年轻，在旁边看着，坐也不是站也不是的，非常不自在，就想避开，但刘亚楼说："你不用走，没你事儿，坐下！"他只好坐在那儿，那真是叫如坐针毡啊。

《江姐》的创作也是几经周折的。

第一稿剧本的审查是在北京灯市口文工团会议室。政委陆友主持会议，

第五次复排《江姐》演出剧照

在座的有文工团主要领导和编创人员。

开始由阎肃念剧本，金砂、羊鸣、姜春阳三位作曲，哪一段谁作的曲就由谁来唱。

第一稿剧本写得也太长了，仅江姐哭丈夫彭松涛那一段就写了一百多句，全世界的歌剧也找不出这么长的来，要是真唱还不得把演员累死。但总体来说，剧本从一开始基本算是站住了，在场的领导都觉得写出这种水平相当不错。

但是曲谱在讨论会结束时被定为：全部作废！太肤浅，不行！一个音符都不要！重新生活，重新另写！

《江姐》的导演黄寿康回忆当时的情景时说："从会议室出来时，一个个都不吭声，全蔫儿了。《江姐》的三位作曲家金砂、羊鸣、姜春阳立马感到压力倍增，没说的，重新干！"

为了使《江姐》这部歌剧更加贴近真实，我爸同几位作曲家一起下去体验生活，这一去就是大半年。走访了川东许多活着的地下党员和脱险革命志

士，并专程在江姐被关押的渣滓洞集中营的牢房里戴着手铐，坐了一周监狱，体验生活。

在这部歌剧的创作中，我爸熟悉、了解其他剧种的优势也得到极大的发挥。全剧很好地采用了戏曲板腔体音乐结构方式，特别是借鉴了川剧的"帮腔"形式，推动了人物内心感情和剧情的发展。每个地方剧种使用的乐器是千差万别的，在乐队组织上也各有各的高招。

编导们边采风、边学习。他们在《江姐》的音乐创作中不仅学习了京剧、川剧，还有越剧、沪剧、评剧、四川清音、金钱板、杭州滩簧等民间说唱音乐。后来给《江姐》配乐的乐器有二胡、中胡、京胡、笙、竹笛、唢呐、三弦，还有很罕见的乐器喉管。

有些民间老艺人，你不给他酒喝，他的嗓子就亮不开。为了听老艺人说唱，他们就想办法凑点钱打上二两老酒，老艺人酒一下肚，精神头就来了，连说带唱，唾沫星子四溅，那嗓子快赶上如今的小沈阳了。

一次，为了寻找音乐素材，老爸和金砂、羊鸣、姜春阳、黄寿康到浙西南的衢县，晚上看演出，白天就在县城附近的水库转了转。没多会儿，突然被人跟上了，并被带到县委，县领导说："我们已经派人监视你们半天了。"

原来是人家县城的同志警惕性高，怀疑他们是不是给蒋匪特务寻找空投地点，要不然就是想炸社会主义水库。

《江姐》剧本的修改、完善，不仅受到空军首长的高度重视，连共和国的元帅、最高领导都非常关注，并提出了很多切实的修改意见。

像在剧中第六场，叛徒甫志高劝降江姐时有段唱词，最早是这样写的：

多少年政治圈里较短长／到头来为谁辛苦为谁忙／看清这武装革命是空流血／才知道共产主义太渺茫／常言道英雄豪杰识时务／何苦再出生入死弄刀枪／倒不如，抛开名利锁／逃出是非乡／醉里乾坤大／笑中岁月长／莫管他成者王侯败者寇／再休为他人去做嫁衣裳

这段唱词，刘少奇、刘志坚、刘亚楼同志先后提出应该修改。尤其刘亚楼对这一段唱词意见很大，先后五次让修改，说："现在甫志高很有些歪

理，江姐压不住他就起反作用了。"但我爸当时一是觉得这段词写得挺对路，二是一时也想不出可替代的词，所以迟迟没动。

直到有一天，刘亚楼司令员把我爸叫到他家里，说："我提了五次，你就是舍不得改，刘志坚副主任也提了嘛，你应该考虑了吧，可还是不改。我们三个姓刘的提出意见，你都不改，难道我们三个姓刘的还抵不过你一个姓阎的？今天我要在家里关你的禁闭！你就在我家里改，改出来我才放你走。"

这下我爸没辙了，也急了，于是急中生了智，一个多小时，就写出了现在这段词：

你如今一叶扁舟过大江/怎敌他风波险恶浪涛狂/你如今身陷牢狱披枷锁/细思量何日才能出铁窗/常言说活着总比死了好/何苦再宁死不屈逞刚强/倒不如，激流猛转舵/悬崖紧勒缰/干戈化玉帛/委屈求安康/人逢绝路当回首/退后一步道路更宽广

写完，刘亚楼同志点点头表示认可，只对最后两句添了几个字，改为：人逢绝路，回首是常事/退后一步，道路会更宽广

这样我爸好歹算解除了"禁闭"，但他对最后一句添上了个"会"字有些保留意见。因为唱这句时，"道路会"特别像"倒炉灰"。不过后来在演出时，因为经常要压缩时间，又都是先在反面人物身上打主意，所以最后这两句也常会被"砍掉"。

剧中大反派沈养斋也有一段劝江姐投降的唱词：

我也有妻室儿女、父母家庭，

我也曾历尽沧桑，几经飘零，

将心比心也悲痛，

能不为你凄凉身世抱同情？

有道是好花能有几日红，

难道你不珍惜自己锦绣前程？

你这里空把青春来葬送，

又有谁知道你、思念你，

把你铭刻在心中？

岁月如流，浮生若梦，

人世间有几番明月清风？

莫将这幸福安乐轻抛却，

为一念之差遗恨无穷。

——你要三思而行！

第五次复排《江姐》演出剧照

由于这段唱词写得太精彩，以至于有些领导提出，让一个（反面人物）坏蛋说得这么有人情味合适吗？那个年代的电影、戏剧里，都习惯性地把敌人描写成凶残、可恶，并且非常笨拙、愚蠢，没有人性。可在《江姐》中描写的几个反派，还是很生动的。像上面的这段唱词就很人性化，也挺美。好在还是留住了。

剧中最后一场有一段唱词，《五洲人民齐欢笑》，其中有一句，原来写的是："告诉他胜利得来不容易，别把这战斗的岁月全忘掉。"

当时空军政治部王静敏副主任看过后，建议说："把全忘掉改成轻忘掉，好不好啊？"我爸一听，觉得的确好，就改为了"别把这战斗的岁月轻忘掉"。

提起这位"一字之师"王副主任，我爸总说他真是难得的非常厚道的人。

王静敏，河南洛阳人，1918年出生，原名王永谷，当时在空政主管文化，为人正直，敢想敢为，敢作敢当，曾针对当时"毫不利己，专门利人"的提法提出疑问，带着浓重的河南乡音说："一个人毫不利己就已经很不容易了，还专门利人，那怎么可能呢？"

后来因为这句话，这位长辈在"文革"中没少挨批斗。

《江姐》的创作可谓集中了一批非常有才华的精英。该剧由三位著名作曲家金砂、姜春阳、羊鸣完成全剧的谱曲，陈沙先生导演。

陈沙先生已经去世了，在导演戏剧方面很有两下子。他常说："用程式，但不要见程式。"他对歌剧《江姐》是有很大贡献的。

黄寿康任副导演，同时又兼饰演剧中的大反派沈养斋。他在舞台上的一个手势、一个眼神都是那么精彩，对人物的刻画有着过人、独到之处，有很多神来之笔。

还有饰演江姐的万馥香，饰演双枪老太婆的孙维敏，饰演反派甫志高的刘痕，饰演蒋对章的杨星辉，饰演唐贵山的李燕平等，都表演得非常贴切到位。

可以说，他们中的大多数，一生大部分时光都比较平凡，但在歌剧《江姐》的表演中，都迸发出了炫目的光彩，像是把一生的才华、精力都集中于这一点爆发了。我想他们真可算得上是为歌剧《江姐》而生吧。

总之，歌剧《江姐》的成功、感人，是编、导、演、音乐、布景、灯光等全体工作人员深入生活，共同努力的结果，创造出了特定时代的典型人物——江姐。

大师傅边和面边流泪

　　1963年9月，《江姐》进入试唱排练，经过两年的修改、排练，不断完善，曲谱从头到尾整整修改了两遍。最后直到连食堂的大师傅，听着排练厅传来的歌声，边和着面边被感动得流下眼泪来，这下大伙儿才觉得行了。

　　能把演员唱哭，说明音乐创作已经达到出神入化的境界了，能让"大师傅"听哭，这境界就更高了。所以后来文艺界把《江姐》称为：民族音乐的瑰宝。

　　《江姐》的排练正赶上三年困难时期，空政文工团的经费非常紧张，用小沈阳的话讲就是："很差钱。"

　　负责服装的同志经常是按照剧中人物设计了几套服装，向领导汇报，领导点头说："不错，不错，就这么干吧！"

　　"钱呢？"

　　"钱？没有，回去自己想办法。"

　　当时那种形势，没有人有怨言，回去翻箱倒柜，拆东墙补西墙，将旧衣服拆了改，改了拆，照样能把一台大戏的服装全折腾出来。

　　剧中反派沈养斋的那一套国民党军统黄呢子军装，就是由原来演苏联军

1964年9月歌剧《江姐》剧照

官或是日本军官留下的旧军装改来的。

　　1964年文工团第一次排演《江姐》，90%以上的服装是旧的，以后几次
重排日子好过了，才按照演员的尺寸做了新衣服。

▌刘亚楼司令的指示达52次之多

1963年9月，《江姐》进入试唱，排练花费了整整一年时间。

1963年11月29日，空军司令员刘亚楼，政委吴法宪，政治部副主任王静敏，在东交民巷22号小礼堂，第一次观看了歌剧《江姐》整台戏的联排，从三位领导的谈话记录来看，对这部歌剧是加以肯定的。

毛主席非常器重、信赖刘亚楼。

刘亚楼生于1911年，1949年8月任中国人民解放军空军司令员时，年仅38岁。在空军司令员这个岗位上没有挪动过。

从资料记载中可以看到，刘亚楼有关《江姐》意见的指示达52次之多。1965年1月病重住院后，指示仍有23次之多。

1965年3月18日，刘亚楼派人给工团打电话说："我没有什么指示了，告诉同志们我身体很好，病情有好转。"

这是刘亚楼司令员最后一次派给空政文工团捎话。此后不久，刘亚楼陷入昏迷，50天以后，共和国第一任空军司令员刘亚楼不幸于1965年5月7日于上海病逝，享年55岁。

空政文工团很多同志都非常敬重刘亚楼，不仅因为他是司令员，因为他的爽朗，他的正直，他的坚强，还因为他懂得文艺创作。

《江姐》中有多处细节刘亚楼同志都提出过意见。

其中第三场江姐有一段道白："毛主席指示我们，要发动群众，抗丁抗粮，加强人民武装，打倒蒋介石！解放全中国！"随即众游击队员一阵欢呼，情绪推向高潮，音乐声起。

刘亚楼嫌音乐太响，又起得太早，观众听不清江姐的这一段道白，指着乐队狠狠地批评说："你们乐队就是不注意这个问题，好不容易毛主席出来了，又被你们乐队给压下去了。"

乐队的同志吐吐舌头，心说："这罪名谁敢当，谁有胆子敢把毛主席压下去？"

刘亚楼对当时扮演双枪老太婆的演员不满意，说："这个老太婆太年轻了，不够威武。"

后来换上了刚生完孩子，体型有点发胖的孙维敏，刘亚楼看了后说："这个老太婆可以，比以前那个威风。"

刘司令员是一位感情丰富、爱憎分明的人，他对叛徒恨之入骨，这种感情带到戏里，就变成了对《江姐》中的叛徒"甫志高"怎么看怎么不顺眼。

第五场有个情节是：叛徒甫志高找到地下联络站，江姐给他倒茶，刘亚楼看到这里不高兴了，一肚子气，喊道："江姐不要给甫志高倒茶，这个动作去掉，要喝水自己倒！"

直至《江姐》公演后，刘亚楼还让秘书给我爸打电话问："第四场布置要加一条弯弯曲曲的公路伸向远方，这样劫军火的环境才更合理。过去指示过，为何现在还未改？"

我爸答道："舞美张敦仁忙大歌舞去了，暂时没人画，以后设法加上。"

周总理看演出来啦

空军领导一直有个想法，《江姐》要么不演，演了就必须在全国打响。在公演前空军举办过汇演，属于内部演出，最先观看《江姐》的中央领导是叶剑英元帅。

1964年8月24日，叶剑英元帅、王新亭上将观看了《江姐》。

1964年8月27日，贺龙元帅、杨成武上将、彭绍辉上将、廖汉生中将、刘志坚中将观看了《江姐》。而对空政文工团格外关心，时任总政副主任的肖华同志更不知看了多少遍。

受到汇演成功的鼓舞，一些演员在空政歌剧团政委刘敬贤跟前不停地鼓动请愿，把刘敬贤也听烦了。于是鼓起勇气跑到王静敏办公室，要求批准《江姐》推出公演。

王静敏放下手中的笔，足足有五分钟没说话，之后问道："公演以后，你能保证《红梅赞》全国流行吗？"

说实话，一部戏推出去之后，最可怕的反映是没反映——沉默。到这时刘敬贤也豁出去了，当即立下军令状："要是《江姐》不能打响，《红梅赞》不流行，你撤我的职。"

王静敏沉思片刻："好，你们演吧，我负责！"

1964年8月27日，《北京日报》发表消息：河南省话剧团来京演出《瘦马记》，空政文工团将演出歌剧《江姐》。

在介绍《江姐》时，《北京日报》的文章说：解放军空军政治部文工团歌舞团，将于9月4日在首都公演歌剧《江姐》。这个歌剧是根据小说《红岩》改编的，由阎肃编剧；羊鸣、姜春阳、金砂作曲；导演陈沙，副导演黄寿康；主要演员万馥香、蒋祖缋、郑慧荣、黄寿康、孙维敏、富京京、刘痕、杨星辉。

1964年9月4日，歌剧《江姐》在北京中国儿童剧场首次公演。

大幕徐徐拉开，台下座无虚席，观众的心很快随着剧情的跌宕起伏而贴近。整部戏作词精美，曲调悠扬，演员的表演丝丝入扣，打动人心，剧情高潮不断。台上泪水涟涟，台下哭声一片，全场演员、观众的情绪完全交融在一起。

太成功了！演出结束时，观众全体起立，雷鸣般的掌声持续不停，久久不肯退场，场面之热烈，超乎想象。

公演第二天，即9月5日，外交部副部长刘晓和夫人前往儿童剧场观看了演出。刘晓看完后赞不绝口，说了很多鼓励的话。从剧场回来，刘晓告诉周恩来："空政文工团有一部很棒的歌剧，名叫《江姐》。"

次日黄昏，儿童剧场门口，观众正在入场，一辆红旗轿车在不远处停住了，周恩来、邓颖超下了车。他们事先没通知空军，也没带随行人员，在售票口买了两张戏票，门厅的工作人员一见是周总理，扭头就往里跑，边跑边喊："周总理看演出来啦！"

刘敬贤等文工团领导正在后台，一听周总理到了，又惊又喜，手忙脚乱地跑出来迎接。

演出中，总理有时在椅子扶手上打着拍子，有时点头微笑，当看到"蒋对章"那段戏时，捧腹大笑。

幕间休息，文工团的同志请总理作指示，总理笑着向邓颖超道："你就说说吧。"邓颖超高兴地说："你们演得很好，情节很感人，歌曲也很好听。"

因为事情来得突然，第二天也没有报纸发消息。尽管如此，周总理观看《江姐》的口头新闻还是迅速地在首都文艺界传播开来，首都文艺界这才知道空军搞出了一台大歌剧。

1964年9月12日，中央电视台现场转播歌剧《江姐》，这是《江姐》第一次进行电视实况转播。那时候电视台的传播距离很短，北京市三环以内看得还算清晰，三环外也就大概看个影吧。

《江姐》在北京连续演出26场，场场爆满，各报记者和观众纷纷撰稿赞扬。在中国歌剧史上创造了奇迹。

以前，每逢演出，团里总会安排一些工作人员，坐在观众席里，一是在剧情需要时，带头引导观众鼓掌，此俗称"领鼓"。但在《江姐》演出时用不上了，观众的掌声已经太热烈了。这些工作人员第二个作用，就是要听观众的意见、评论，尤其是要重视批评的声音，采取尾随、跟踪、偷听等五花八门的方法，听取不同的反映。

散场时观众经常是一边议论，一边往外走，收集意见的同志也就夹在人流当中一道往外走，有时甚至尾随观众上了公共汽车跟到家门口。《江姐》获得观众的一致好评。有一位观众散场时说："这部戏不是好，而是很好！"

党和国家领导人一同观看《江姐》

　　1964年10月12日深夜，文工团领导接到通知：毛主席明天看演出，地点定在人民大会堂三楼小礼堂。

　　这时许多演员都已经上床了，一个紧急通知把大伙儿都叫了起来，团领导下达了明晚的演出任务，决定由万馥香演上半场，蒋祖缋演下半场。

　　1964年10月13日，毛主席、周总理、朱总司令等党和国家领导人，在人民大会堂观看歌剧《江姐》。毛主席和其他中央领导不时地热烈鼓掌。

　　毛主席一生中只看过两部歌剧，一是在延安看过由延安鲁艺演出的《白毛女》，新中国成立后就看过歌剧《江姐》。

　　毛主席看戏很入神，他坐在前排正中，看得十分投入。看到江姐被叛徒出卖时，板着脸、瞪着眼，双唇紧闭，一副生气的样子；看到蒋对章和警察局长耍宝的一段戏时，又忍不住哈哈大笑。

　　周总理已经是第二次观看了，对唱腔似乎已然熟悉，一边看一边小声哼着。

　　演出结束后，毛主席与演职人员亲切合影留念，并给予高度评价。合影时，我爸站在了毛主席的身后，一脸很幸福的样子。

　　毛主席说："你们的歌剧打响了，可以走遍全国嘛。"

　　第二天，全国各大报纸都在头版显著位置刊登了毛主席观看《江姐》的消息及与剧组合影的照片。

《江姐》唱红了大江南北

随后，歌剧《江姐》开始走出北京，很快走遍了祖国大地。在南京、上海公演，轰动宁沪，上海一度还流行起江姐的发式和服装。

1964年10月20日，《新华日报》发表消息，空政文工团歌剧团来宁演出优秀歌剧《江姐》。南京人民大会堂是当时南京市规模最大、档次最高、设备条件最好的剧场，江苏省、南京市人民广播电台分别转播了《江姐》的演出实况。

1964年11月15日，空政文工团携大型歌剧《江姐》抵达上海。

人们常说，外地人在上海买卖不好做，其实北方的剧团进上海也不容易。上海人见多识广，观众鉴赏能力高，不是说嘛，上海人一分钱买几根葱还得挑剔评价半天呢。总而言之一句话，想蒙上海人，不能够！

1964年11月19日，歌剧《江姐》在上海举行了首场招待演出。出席观看演出的有中共中央华东局和上海市党政军负责同志陈丕显、韩哲一、张春桥、江腾蛟等。那时刘亚楼司令员已被确诊患有肝癌，但仍抱病出席观看了演出，这也是他最后一次看《江姐》。

《江姐》在上海一亮相，就受到上海人民的欢迎和喜爱。

11月20日，上海《文汇报》用一整版篇幅刊登了歌剧《江姐》的歌词选辑。该报在编后记中对剧本创作是这样评价的：

　　"好的剧本离不开好的语言，《江姐》的语言写得非常好，特别是它的歌词，句句抓人，语语珠玑，看起来引人入胜，读起来朗朗上口，唱起来铿锵入耳，把这些歌词当成独立的篇章来看，可诵可读，是文学性很强的诗词创作……而这些歌词又通俗易懂，它运用了旧诗词，但并不觉得晦涩难读，明白如话，而意味无穷。"

　　11月21日，上海各大报纸登出《江姐》的海报，宣布在上海的首轮公演拉开了序幕。

　　从1964年11月19日首场演出算起，至1965年1月5日告别演出，空政文工团在48天时间里，在沪共演出《江姐》43场，场场爆满。

阎老和第五代"江姐"合影

　　那些天一到晚上，夜色降临，徐汇剧场门口人头攒动，马路两旁站着一长溜等退票的人，一见有人走来，大伙儿就凑上去问："有票吧？戏票有勿来？"但凡听说有富余票，"轰"得就能拥上一群人抢。据说有两天，排队买票的观众把售票窗口的玻璃都挤破了。

　　票！《江姐》的票！整个上海的有轨电车里、街道旁、菜市场、商店里，到处都能听到有关《江姐》戏票的话题。

第五次复排《江姐》演出剧照

为了解决看戏难、买票难的问题，上海市有关部门特意采取了一些措施，先由上海电视台共5次转播演出实况，这是上海电视台成立以来转播次数最多的剧目，不少人是播了5遍就看了5遍。

上海人民广播电台用录音广播、实况转播、教唱等形式向观众介绍《江姐》达29次之多。

《江姐》在沪公演，其影响已经不仅限于沪浙及华东地区，而是以强劲的势头不断向全国辐射。据《文汇报》统计，从外地专程赶到上海向空政文工团取经学习的剧团即有32个。

那时候中国没有"专利"这个词，有好戏全国所有的剧团都可以学着演。

哈尔滨歌剧院一行8人就专程来到上海，每人盯一两个角色，白天学，晚上看演出，回到哈尔滨马上投入排练演出，不仅赚回了路费，还盈利上万元。

如果放到现在，开收版权费，那《江姐》可赚HIGH了。

到了1965年1月1日，在上海除空政文工团外，又出现了两家演《江姐》

的剧团，一家是南京军区空军政治部文工团，一家是上海越剧团。

到了1月3日，又出现了第四家上演《江姐》的剧团——出新越剧团。

四家剧团同时上演歌剧《江姐》，使得上海人民在《江姐》热中度过了1965年的元旦。

空政文工团1月5日启程前往广州，但上海《江姐》热并没有丝毫减退，依然升温。同时又有两家实力雄厚，拥有重武器装备的大型剧团——上海实验歌剧团、上海市人民沪剧团，大摇大摆地宣布加盟《江姐》的演出行列。

前后六家剧团在一个城市同演一个剧目，时间长达两个多月，这在我国戏剧界真是一个罕见的文化景观，估计在世界上也不多见。后来，全国其他很多剧种，越剧、昆曲等数百家文艺团体都按剧本改编陆续移植上演，这真是中国戏剧史上的一个奇迹。

1965年1月14日，空政文工团抵达广州，在广州最好的戏院——南方戏院，先后为中南局、广东省市党政机关演出四场，21日起正式公演。

广州人民广播电台多次转播《江姐》演出实况。

1965年1月19日，邓小平同志陪同日本共产党中央委员会总书记宫本显治观看了歌剧《江姐》，陪同观看的有康生、陶铸等。

著名粤剧演员红线女在《江姐》的座谈会后发表文章——《为什么我们没有〈江姐〉这样的戏？》红线女写道：

第一次排演《江姐》演出剧照

第二次复排《江姐》演出剧照

第三次复排《江姐》演出剧照

第四次复排《江姐》演出剧照

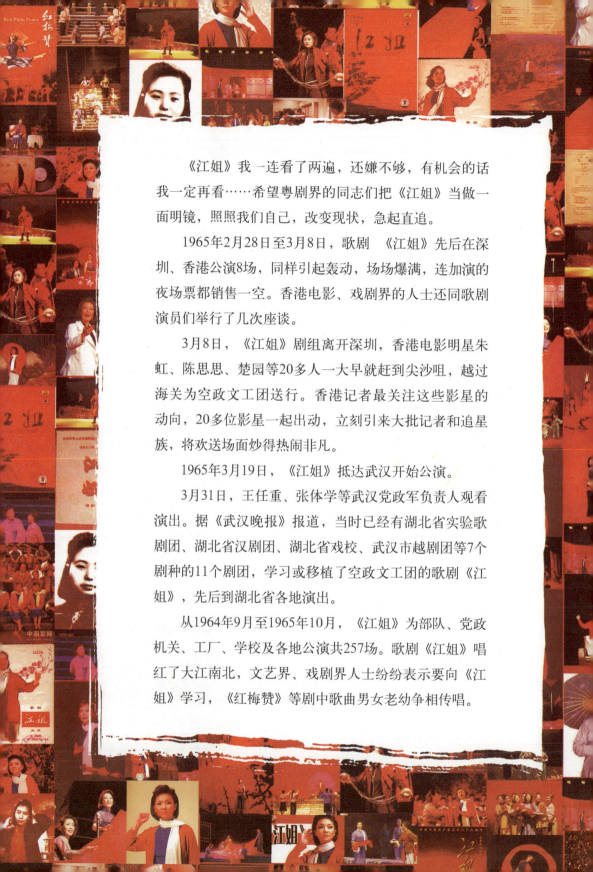

　　《江姐》我一连看了两遍，还嫌不够，有机会的话我一定再看……希望粤剧界的同志们把《江姐》当做一面明镜，照照我们自己，改变现状，急起直追。

　　1965年2月28日至3月8日，歌剧《江姐》先后在深圳、香港公演8场，同样引起轰动，场场爆满，连加演的夜场票都销售一空。香港电影、戏剧界的人士还同歌剧演员们举行了几次座谈。

　　3月8日，《江姐》剧组离开深圳，香港电影明星朱虹、陈思思、楚园等20多人一大早就赶到尖沙咀，越过海关为空政文工团送行。香港记者最关注这些影星的动向，20多位影星一起出动，立刻引来大批记者和追星族，将欢送场面炒得热闹非凡。

　　1965年3月19日，《江姐》抵达武汉开始公演。

　　3月31日，王任重、张体学等武汉党政军负责人观看演出。据《武汉晚报》报道，当时已经有湖北省实验歌剧团、湖北省汉剧团、湖北省戏校、武汉市越剧团等7个剧种的11个剧团，学习或移植了空政文工团的歌剧《江姐》，先后到湖北省各地演出。

　　从1964年9月至1965年10月，《江姐》为部队、党政机关、工厂、学校及各地公演共257场。歌剧《江姐》唱红了大江南北，文艺界、戏剧界人士纷纷表示要向《江姐》学习，《红梅赞》等剧中歌曲男女老幼争相传唱。

主题歌《红梅赞》风靡全国

红岩上，红梅开／千里冰霜脚下踩／三九严寒何所惧／一片丹心向阳开／红梅花儿开／朵朵放光彩／昂首怒放花万朵／香飘云天外／唤醒百花齐开放／高歌欢庆新春来！

这首老爸为歌剧创作的主题歌《红梅赞》，在当时风靡全中国，差不多所有中国人都会唱。

周总理非常喜欢这首歌，经常在开大会时带领大家合唱。

李先念副总理就说："《红梅赞》已经成了非常流行的歌曲了，包括我们总理在内，经常唱它。"说起这首主题歌的诞生，也真是巧合。

在《江姐》中，我爸开始没有想写主题歌，后来刘亚楼司令员说："我在莫斯科的时候，看歌剧《卡门》，他们都有主题歌，咱们《江姐》也应该写一个。"

我爸觉得行，先写的词是："行船长江上，哪怕风和浪……"

刘司令员觉得不满意，认为这词放在彭松涛头上还差不多，不像写女性的。老爸被憋住了，一段时间想不出词，一天忽然从上衣口袋里掏出一张稿纸，说：

"这是上海音乐学院有位同志请我写首歌词，原意是写梅花的，我取名《红梅赞》，你们看行吗？"

大家一看，都说好，就这样《红梅赞》成了《江姐》的主题歌。

剧中的 《我为共产主义把青春贡献》、《绣红旗》、《五洲人民齐欢笑》 在当时也都深受大家喜爱。

《我为共产主义把青春贡献》

春蚕到死丝不断／留赠他人御风寒／蜂儿酿就百花蜜／只愿香甜满人间。

一颗红心忠于党／征途上从不怕火海刀山／为劳苦大众求解放／粉身碎骨心也甘／为革命粉身碎骨心也甘！

啊／谁不盼神州辉映新日月／谁不爱中华锦绣好河山／／正为了东风浩荡人欢笑／面对着千重艰险不辞难／正为了祖国解放红日照大地／愿将这满腔热血染山川！

粉碎你旧世界奴役的锁链／为后代换来那幸福的明天。

我为祖国生，我为革命长／我为共产主义把青春贡献！

不贪羡荣华富贵／不留恋安乐温暖／威武不屈，贫贱不移／百折不挠志如山。

赴汤蹈火自情愿／早把生死置等闲／一生战斗为革命／不觉辛苦只觉甜！

这首歌充分体现了江姐在面对敌人酷刑审讯时临危不惧的英雄气概。

红梅赞

舞剧《红梅赞》演出剧照

为什么说不出呢

下面一首我爸创作的《绣红旗》，在当时也是家喻户晓的，表现出了共产党人对祖国真挚的爱。

线儿长，针儿密，

含着热泪绣红旗。

热泪随着针线走，

与其说是悲，不如说是喜。

多少年哪，多少代，

今天终于盼到了你。

千分情，万分爱，

化做金星绣红旗。

平日刀丛不眨眼，

今日里心跳分外急。

一针针哪一线线，

绣出一片新天地。

说起这首《绣红旗》，也有个小故事。歌词中第四句是当时的总参谋长罗瑞卿帮着改的。

《江姐》演出剧照

　　我爸原来这句写的是：说不出是悲还是喜。

　　我爸觉得江姐当时的心情是悲喜交加，喜的是狱中惊闻新中国诞生；悲的是她自己即将赴刑场，到底是悲是喜，真是说不出。

　　但罗瑞卿同志看过后，把我爸叫到他身边说："为什么说不出呢？应该说得出嘛！这句，我替你改了！改成'与其说是悲，不如说是喜！'你看好不好？"

　　对此，我爸一下悟出：个人一己之悲，远不如革命大胜利之喜！孰轻孰重确实可以想清楚，也应该明朗地说出来。

是九州还是五洲

在新中国的历史中，有三个时期是令人难忘的。

第一个时期是1954、1955年"三反五反"运动结束后，至1958年"大跃进"运动之前。这几年国家稳定，人民安心，对新中国的未来充满着憧憬。

第三个时期，应该算是1983年改革开放政策开始实行到1987年反"精神污染"前。这几年国家走上了富民强国的正确道路。尤其是1984年国庆35周年大典上，第一次提出要让人民过上实惠的生活，所有中国人都重新燃起希望，坚信祖国会变得更加美好。

那第二个时期呢，就是在1962、1963年挺过了三年自然灾害，直到1966年发动"文化大革命"前。经历了自然灾害，在极端困难的情况下，我们的人民以更加坚强的精神状态来建设国家。一个有希望的民族必定是百折不挠、自强不息的民族，无论遇到什么样的困难，信念都不会泯灭，意志都不会被摧垮。时代呼唤着能够唤起人民信心的最强音。那几年民心向上，歌剧《江姐》也正是在这段时期推出的，大获成功也有它的机缘和背景。

我爸在剧中最后一幕江姐被杀害前，创作的歌曲是《五洲人民齐欢笑》。

多年之后，我看过一位年轻演员在演唱这首歌时，依然是热泪盈眶。回家时跟爸爸说起，爸爸说，当年演出唱到这首歌时，基本上都是台上台下一起哭。

的确，我听到这首歌中"到明天……"的那几句时，也时时会有些感动。

不要用哭声告别，

不要把眼泪轻抛，

青山到处埋忠骨，

天涯何愁无芳草！

黎明之前身死去，

脸不变色心不跳！

满天朝霞照着我，

胸中万杆红旗飘！

回首平生无憾事，

只恨不能亲手——

把新社会来建造。

到明天，山城解放红日高照，

请代我向党来汇报：

就说我永远是党的女儿，

我的心永远和母亲在一道；

能把青春献给党，

正是我无上的荣耀。

到明天，家乡解放红日高照，

请代我向同志们来问好，

就说在建设祖国的大道上，

我的心永远和战友在一道；

我祝同志们身体永康健，

为革命多多立功劳！

到明天，全国解放红日高照，

请代我把孩子来照料，

告诉他胜利得来不容易，

别把战斗的年月轻忘掉，

告诉他当好革命的接班人，

莫辜负人民的期望党的教导！

云水激，卷怒潮，

风雷震，报春到，

一人倒下万人起，

燎原烈火照天烧，

重整山河，开出幸福阳光道，

丽日蓝天，五洲人民齐欢笑。

这首词的最后几句是刘亚楼司令员改的。原词是：

东方红，天亮了，

晨风吹，百鸟鸣，

严寒过去是春天，

前程风光无限好。

刘亚楼同志觉得气势不大，改为：

云水激，怒卷潮，

风雷震，报春到；

狂飙一曲，牛鬼蛇神全压倒，

红旗漫天，五洲人民齐欢笑！

我爸对这里的改动，当时并不是没有意见，但他也清楚，这几句的出处是刚发表的毛主席所写《满江红》一词。况且，他始终是怀着深深的敬意感激并怀念刘亚楼司令员，他一直都是那样热情，那样炽热地爱护及扶植歌剧《江姐》。

后来到了20世纪90年代，《江姐》第四度上演的时候，最后几句才改成现在这样。

我爸说过，最后的"五洲"他本来是改为九州的，他觉得江姐那时候还是放眼国内更准确些，而"五洲"则是"文革"时的感觉，即所谓"胸怀世界"。谁知演员在台上一唱，还是"五洲"，大概是唱习惯了。而且这个唱段已成为音乐会上的独唱曲目，名字就叫《五洲人民齐欢笑》，又到处传唱，各地发表，约定俗成了，想改都改不回来，也就随它了。

毛主席接见我老爸

1964年11月的一天，《江姐》正在热演中。

那天晚上，爸爸到文工团门口街对面的一个小剧场，看红旗越剧团排演《红楼梦》。因当时大院门口正在修路，弄得他一腿一脚的石灰，他也没当个事儿。看了会儿戏，忽然觉得胃有些不舒服，就一个人从剧场出来，溜达着准备回宿舍歇会儿。刚走到团门口，突然一辆吉普车在身边停下，车上人喊道："阎肃，你在这儿啊？找你半天了，快上车，紧急任务！"他一愣，心想，这么晚了还有什么任务，看是政治部的同志，随口说："什么任务啊？我可没穿军装。"

爸爸那天身上只裹了件又破又旧的黑棉袄，老棉裤上沾满了石灰，脖子上围了条大围脖，还好几天没刮胡子，尽显邋遢本色。来人看了一下，显出无奈的样子，但还是催道："快上车吧，来不及了！"爸爸赶紧上了车。

车在拐过几条街后，直接开进了中南海。进入中南海后，经过几道岗哨询问，司机均答："是阎肃。"哨兵随即放行。到这时，爸爸才知道，是毛主席想要见见写这部歌剧的年轻人。车子在一幢小楼前停下，当爸爸随工作人员走进一个小会客厅时，主席已经在那里了。

爸爸见到毛主席，激动紧张得一时不知该如何是好，按说应该行军礼吧，可又没有穿军装，而且觉得自己当时的那身打扮，尤其是满脚的石灰，

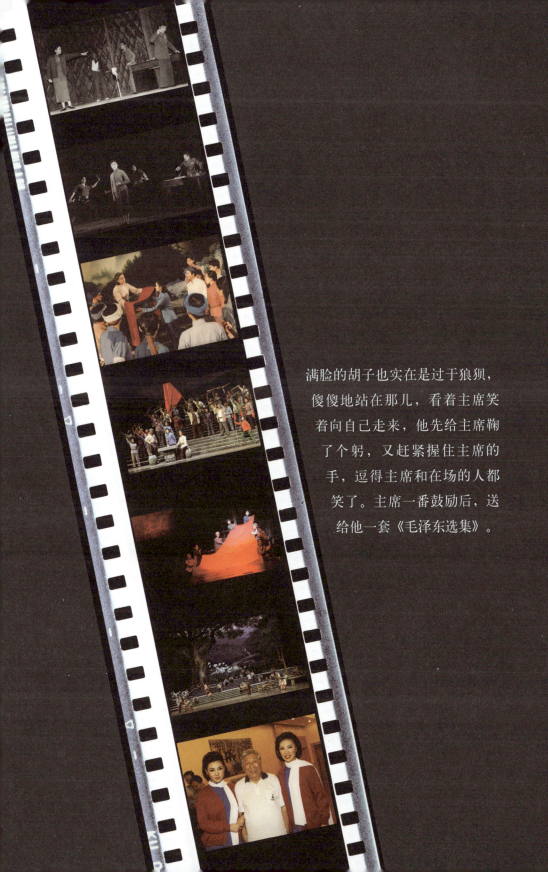

满脸的胡子也实在是过于狼狈，傻傻地站在那儿，看着主席笑着向自己走来，他先给主席鞠了个躬，又赶紧握住主席的手，逗得主席和在场的人都笑了。主席一番鼓励后，送给他一套《毛泽东选集》。

▌老爸，麻烦的我来了

姐姐是1963年10月出生的，属兔，一看是女孩儿，爸爸把之前准备好的名字暂时收了起来。妈妈问："女儿取个啥名啊？"

爸爸略微一想："阎如玉吧，书中而来嘛！"

"那万一她长得不白怎么办啊？"

"噢！那就把玉去掉。"

因是女孩儿，如字上面又加了个草字头，姐姐的名字就定格为"阎茹"了。

不过真是天遂人愿，被妈妈担心不白的姐姐，长大后竟然非常白，属于比一般黄种人白，比白种人稍红的那种。

姐姐小时候基本属于温顺讨巧型，玩儿着玩儿着，突然惊叫着吓得乱跑，待大人抱住关切地问："怎么啦？"

她指着屋顶细声说："蛾子。"

平心而论，爸爸属于那种非常怕麻烦的人，包括孩子带来的麻烦。

不是有那么一句话嘛：如果您想惹一天的麻烦，您就在家请客吃饭；如果您想惹一年的麻烦，您就买新房搬新家；如果您想惹一生一世的麻烦，那您就大着胆子娶妻生子。

爸爸当然深谙此道，但他仍在姐姐3岁时，和妈妈商量再生个孩子，也许是封建礼教在作怪，也许是他觉得女孩儿太文气，不够淘气，没意思。于是，在1967年4月，我比预产期提前一个半月来到了这个世界。

爸爸说过，妈妈生我时受了很大的罪。当护士刚把我抱起时，爸爸就赶紧凑上来看，于是我停止了哭喊，也看着他，并露出了一丝坏笑，像是在说：

1963年出生，乖巧、可爱的姐姐。

老爸，我来了，你准备好了吗？

我猜想，爸爸还真没准备充分，他老人家可能背地里不止一次地后悔生下了我。的确，我实在是太淘气了，完全超乎他对淘气的界定。

爸爸在3年前就给我准备好的名字，叫阎宇。他竟说这名字原本是留给他自己当笔名用的，后来我来了，就送给了我。

刘和刚

我喜欢阎老！因为他的才、他的仁、他的睿智、他的爱心。

在第五次《江姐》复排中，上级安排我饰演华为。我觉得自己方言太重，年龄又偏大，担心演不了。可阎老不这样看，他说我一定行。记得有一次演出，我因紧张把台词说成了东北味。演出后，我连看都不敢看阎老，可阎老却很幽默地说："和刚今天表现很好，自从和刚加入，给《江姐》这部歌剧增添了新的活力，华为变成东北人了"。阎老这样的艺术家，一向对艺术的要求很严格，可是他为了不伤害一个年轻人的自尊和上进，用幽默的话语，就轻松化解了我心头的阴云，让我感到父亲般的温暖和成长的自信。阎老，我衷心地感谢您。

祝敬爱的阎老：
80岁艺术成就硕果累累，
80岁高风亮节，德高望重，
80后一样健康快乐，青春永驻，红梅常开！

伊泓远

第五章

生来麻烦事

"他自己像炮弹飞出去的"

在我来到这个世界之前，最令爸爸头痛的事，莫过于陪妈妈逛街。大凡年轻女人都喜欢逛街，稍有姿色的就更甭提了。妈妈也不例外。

那时候，妈妈经常能从王府井的南端，一家店、一家店地逛到北端，然后过马路到街的另一侧，再一家店、一家店地逛回到南端。爸爸也只好无奈地跟在后边，那叫一个生气啊！

我刚出生时的全家福。从照片上看，姐姐还真是喜欢我这个弟弟。

像爸爸这么珍惜时间，勤奋学习、工作的人，怎么也想不明白：这些女人在街上到底想要干什么？！

可是生气也没辙啊，还得在后面跟着。走到最后，经常就变成了妈妈仍在某家店铺意犹未尽地观赏或挑选着，爸爸却是在马路的另一侧，气鼓鼓地斜视着她。这成了那个时期他们之间最大的矛盾。

在我满月后不久的一天，妈妈因好久没上街了，又想上街转转。当时我们家就住在灯市口，是市中心，很方便。于是照例，妈妈在前面浏览，爸爸抱着我在后面跟着，一前一后进了百货大楼。妈妈在钟表柜台前停了下来，想选一只手表，仔细地挑着，爸爸在后面抱着我等着。

可能是时间等长了，可能是在爸爸手里抱着不舒服，也可能是因为别的什么原因，当然也可能是被爸爸把此事"演义"了，总之，褓襁中的我突然离开了爸爸的手，飞出了一米多远，"咣当"一声，砸在了玻璃柜台上。

"啊！"周围所有的人都被吓了一跳，柜台的玻璃被砸得裂开个口子，我立即大哭起来，妈妈赶紧上前抱起我，焦急地寻找我身上有没有伤口，左看看，右看看，发现我没什么事。爸爸也赶紧凑过来，妈妈狠狠地瞪着他，爸爸很冤枉地说：

"我什么都没动，他自己像颗炮弹飞出去的。"

"胡说！他自己会飞啊？"妈妈白了他一眼。

"是真的，我怎么也不可能把自己儿子扔了啊！真是他自己飞过去的！"

周围的人都笑了。

笑归笑，把柜台砸坏了可还得赔，爸爸掏了钱。可直到现在他也闹不明白：明明抱得好好的，怎么能像炮弹一样飞出去呢？还那么远？我就更不明白了。

因为爸爸实在太忙了，又经常出差，一年到头，在家的日子实在不多。妈妈那时还在涿州的航校上班，一个姐姐就已经够她忙的了，实在是照顾不上我。没办法，只好在我出生3个月后，便把我送到了沈阳的姥姥家。也许是老天有意这样安排，让爸爸多歇了3年。

让小宇背些诗词吧

　　我在姥姥家一住就是3年。

　　姥姥家居住在一个很大的四合院里，院子分前院、后院、中院。前院有二十几户人家，后院也居住着十来户人家，姥姥家是住在中院，院中有一块空地，栽种着花草。我和姥姥及三姨、四姨、小姨住在东屋，姥爷住西屋。

　　姥姥是个非常慈祥的人，一生善良无私，为了孩子及外孙子的成长，操劳了一辈子。尤其觉得我这么小，就不在父母身边，于是更加关爱备至。姥姥总是认为我没吃到母乳，生怕我营养不够，所以每天让我喝五瓶奶，还要给我炖一小奶锅肉，或猪肉或牛肉，如是鸡肉、鱼肉，就先把骨头剔净，在锅里炖，直到烂成肉泥，再一口口地喂我。除了肉泥，每天还要吃一小锅水果泥，姥姥先削掉果皮，再用小匙，一匙匙刮下果肉，做成果泥，一口口地喂我。

　　姥爷为人老实忠厚，一辈子喜欢喝口小酒，解放前跑过买卖。值得一提的是，在辽沈战役快结束时，一些国民党高官感到末日来临，非常惊恐，其中一位国民党少将师长，多年来喜欢文物，收集了从隋唐时代到宋、元、明、清、民国时期的古玩、字画近三百件珍品，其中还有唐伯虎的真迹，在他逃跑前都以较低的价格卖给了姥爷。

　　姥爷一直珍藏着，但遗憾的是，到了"文化大革命"，谁再藏有这些

"封建主义的糟粕"，谁就是"反革命"，无奈，姥爷只好含泪把这些宝贵的文化财富都烧掉了。

解放后，姥姥家一直家境困难，却仍经常周济比自己还困难的邻居。姥姥对我更是百般疼爱，我也借着宠爱，开始了淘气生涯。

据说我很早就会走路了，可刚会走的同时也学会了干坏事。常趁大人不注意，走到水壶旁，打开壶盖往里尿尿，把姥姥气得没办法，可又不舍得打我。家里的姨和舅舅们也都很喜爱我，大舅经常会用手臂把我举高，让我两手张开，好像飞机在飞行，喊着"坐飞机喽"！我却往往趁大舅不注意，将尿尿进大舅嘴里，大舅这时还是依然大笑地说："没事，童子尿好。"

很快我就会跑了，姥姥就更累了。我经常用扫帚把屋门"别"住，把姥姥关在屋里，自己却跑到邻居家去玩，姥姥只能隔着窗户喊过路人，帮着把门打开。冬天时，我还常会不辞辛苦地把积雪一抱一抱地堆到别人家门前，再浇上水，把门冻住。院里的邻居们都说从没见过这么淘气的孩子。姥姥却说好，说淘气的孩子聪明。

妈妈抱着姐姐，姥姥抱着我。说实话我是够难看的，也就是姥姥不嫌弃我。

淘气还不算，可怕的是我经常整夜地哭，声音还特大，能把全院的人都给吵醒。那时我一哭，姥姥就抱着我在屋里来回地走啊，走，一走就是大半夜，才能把我又哄着了。妈妈说，姥姥那么早去世，都是被我累的。

在我快两岁时，爸爸出差路过沈阳，顺路来看我，临走时，跟大舅和几个姨交代说："让小宇背些诗词吧！"爸爸可能认为他自己那么能背诗，儿子应该也不会差吧。果然他料对了，等我到两岁时，就能很流利地背诵几十首毛主席诗词，于是听我背诗成了家里及邻居们的一项主要娱乐活动。而且因为我背诵得很有节奏感，大家都说像是朗诵一样。

转眼3年过去了，我到了可以上幼儿园的时候，爸爸就来沈阳接我回北京。

一见面，吓了他一大跳，看我头上包着纱布，身上还有几处贴着胶布，一问才知道，是我在街上淘气打架，脑袋被石块打破了。

爸爸说，我当时就像个朝鲜战场上的美国伤兵。姥姥提议还是等我把伤养好后再回北京吧，但爸爸说，幼儿园要开学了，还是早点儿走吧。姥姥也没办法，好在也算是一家人要团聚了。

这时妈妈已经调到北京工作了。但我却非常不开心，因为要离开非常疼爱我的姥姥了。三年来，我管姥姥一直叫妈姥，她是我一生最亲的人。我哭闹着不肯离开姥姥，最后没办法，只好由姥姥陪着送我回北京。

人与人真是一种缘分，朋友如是，同学如此，亲人也如是。夫妻间看缘分，父子、母子也要看缘分。像我妈和我，当然感情是很好，但妈妈一直就喜欢文静、干净、听话的孩子，可我呢正好相反，再母子情深也互相不对路，这可能就是缘分不够。姥姥跟我就属于天生有缘，我的淘气、顽皮，甚至是撒野、犯浑，姥姥都能包容，甚至喜欢，觉得男孩子就该这样，这就是缘分啊！

幼儿园里的"名人"

回到北京，姥姥担心的一点儿没错，妈妈一见我像个伤兵似的回来，兴奋劲儿全没了，且很不高兴。一个人坐在外屋生气，直怪姥姥没把我管好，像个野孩子，弄得野性都很难收回来。

我上了幼儿园后，姥姥很快就回沈阳了。

我哭着到处找我的姥姥，哭了一整天，知道找不着了，再哭也没用了，姥姥已经回去了。我还得去上那个讨厌的幼儿园。

爸爸送我上的幼儿园是空军直属机关系统的，当时叫"空直"幼儿园，招的基本上都是空军系统干部的子女。多年以后，幼儿园改名为蓝天幼儿园，全国闻名了。

幼儿园分小班、中班、大班。我刚去，进了小班，可能是我从小在沈阳练得皮糙肉厚了，又被姥姥养得很结实，玩什么都是第一名。像跑步、推铁环、爬攀登架，包括写字，我都是最快的。但也正像妈妈说的，我的野性也改不回来了。

很快的，我因经常打架而在幼儿园成了"名人"。其实小孩子之间互相打架，没有谁是会"功夫"的、真厉害的，只是比谁胆大敢打，更重要的，是比谁不怕疼，挨了打不哭。

可能是我在东北玩野了的原因，比一般孩子不怕疼，所以有时候，别人

打了我三下，我只打他两下，可他怕疼，就哭了，这一哭就代表他输了；我呢，忍着，不哭。这样不久，我成了班里的"大王"。等我升到中班时，连4个大班的同学都怕我，我就成了全幼儿园的"大王"。

那时候我们每周一的早晨坐大院里的班车去幼儿园，周六下午再坐班车回家。那时候，好像很难见到爸爸。

当时，开展"文化大革命"运动已经几年了，爸爸的工作、生活也发生了很大的变化。

爸爸在做展望未来状，我在不自然地傻笑，只有姐姐是照相的老手。

随着《江姐》在全国的轰动，阎肃的名字开始变得响亮，成了名人。不仅是名人，在那个政治挂帅的年代，可以说是比较敏感的人物。是啊，能被毛主席亲切接见过几次的，能有几人呢！

因此，爸爸成为炙手可热的人，也属正常。一些领导更加关心他，后来有的报刊还报道说，爸爸在"文革"中，曾帮林彪夫人叶群改过诗等等，我想应该也确有其事吧。因为爸爸不仅是剧作家，更是一名军人，执行命令是天职。

创作现代革命京剧《红岩》

爸爸刚到北京京剧团时，一位首长让他和著名作家汪曾祺先生一起改编剧本，爸爸当即表态说："我一定会和汪曾祺同志好好合作。"

但首长立刻纠正道："他不是同志，他是右派！"

弄得爸爸好不尴尬。

京剧《红岩》也叫过《山城旭日》，是江青认为歌剧《江姐》太过于小资情调，而且少了许云峰等英雄人物，所以要重新搞个现代革命京剧，爸爸也就接受了任务，创作了京剧《红岩》的剧本。

与歌剧完全不同，增加了许云峰、成岗等地下党员，反派也换成了徐鹏飞、卡尔逊等人。其中也有经典的唱段，像剧中许云峰怒斥敌人的一段：

这杯中红红的不是酒，

是千家血泪万家仇。

盘中不是鱼和肉，

民脂民膏当珍馐。

你们是两手鲜血的刽子手，

共产党员岂能与你们推杯换盏来应酬！

我的手可断，臂可折，

要想我举杯，除非是万里长江水倒流！

看着这段唱词，让人明白，真是一个时期创造一个时期的文化。就像在现在这样的社会环境里，怎么也写不出如此"字字血，声声泪"的歌词来。

爸爸说过，在他的创作生涯中，最困难的应该算是在"文革"中对京剧《敌后武工队》（《平原作战》）剧本的修改，改了好几遍，怎么都通不过审查。

在他们刚开始写剧本时，附近刚好开始盖个新楼，等人家楼都盖好了，爸爸他们的剧本仍然没改好。后来，新楼里搬进了新人，再后来，人家结婚讨了老婆，生了小孩儿了，他们的剧本还没通过呢。

20世纪70年代，阎老（左二）和中国京剧团同事

舞剧需要写吗

再后来，爸爸又被借调到中央芭蕾舞团，先是搞舞剧《纺织女工》的创作，紧接着又创作了著名的芭蕾舞剧样板戏《红色娘子军》的文学剧本。

对于爸爸写舞剧，我小时候一直不解，问爸爸："你也不会跳舞，怎么还能写舞剧呢？再说了，舞剧需要写吗？"

爸爸说："舞剧也是戏剧啊，剧情啊，故事啊，情节都要写啊，包括一些舞蹈的动作名称都是要重新起名字的。"

这也看得出爸爸在创作方面真是全能，对各个剧种的掌握也很全面。《红色娘子军》在艺术上也真称得上是精品。

万泉河水清又清，

我编斗笠送红军；

军爱民来民拥军，

军民团结一家亲。

这首歌在当时也称得上家喻户晓、妇孺皆唱了。

最爱玩的游戏"双肩着地"

　　我们家书柜里，有一队从小到大排列着的贝壳，那就是爸爸为创作《红色娘子军》到海南岛体验生活时带回来的，还有海螺、海星，小时候觉得可稀罕了。爸爸那时天南海北地跑，倒也不忘给我们带一些小东西回来。

　　如果周末回家，遇到爸爸也回来了，我们都很开心，他是家里的开心果，有他就热闹。而且爸爸从来不会摆什么家长的架子，和我总是没大没小地闹个不停。

　　我和爸爸当时最爱玩儿的一个游戏叫"双肩着地"，即看谁能把谁压在身子底下，并使其双肩着地，保持3秒钟。爸爸总是搞突然袭击，假装不经意地走过来，嘴里胡乱说着别的什么事，眼睛还要假装看着窗外，趁我也扭头看时，突然把我摁倒，但我也总能飞快地转身趴下，手扒着床，他就想方设法地要把我翻过来。有时候弄得我哈哈大笑，笑得没劲儿了，他才能赢。不过我有时候也会来个突然袭击，一下子把他扑倒在床上，给他也来个"双肩着地"。这游戏我们父子俩儿好像百玩不厌，一连玩了好多年。

　　妈妈在周末就没有这么开心了，一般都会有些不愉快，当然是因为我了。我的家庭联系本上，经常是写满了批评，而且总能在下午回到大院后至妈妈下班前的那段时间里，惹上几档子事。

　　那时妈妈周六下班，几乎每次走到大院门口时，都会被一群小孩儿手拉手地拦住，说："阿姨，阿姨，阎宇今天又打人了。"

妈只好认真地一一回应说："好好，我回去打他。"

在姥姥家时，我也经常打架，而且常是跟比自己大的孩子们打，往往也是胜利者，每当人来告状时，姥姥从不会因此打我，妈妈却不同了。

对于我在幼儿园的"恶行"，大多数小孩儿都是找到我妈告状，让她打我，但也有个别的，会走爸爸的"后门"。

记得我们幼儿园有个姓官的同学，他因老被我欺负就回家跟他家长哭诉，他爸爸问清是我之后，就对他说："你回去告诉他，我和他爸爸阎肃是好朋友。"

那同学下周一回到幼儿园对我说："我爸和你爸是好朋友，所以你不该老打我。"

爸爸带我在颐和园划船

我当即说："好吧，我以后一定会保护你，谁都不许再欺负你了！"

后来妈妈回想起我小时候的这类事时说，当时是不太懂科学，现在看起

113

来，你小时候肯定是患有"多动症"，而且是"侵略性多动症"。

令妈妈头痛不已的还有我的脏。每到她把饭菜做好，总要为到哪儿能把我找回家吃饭发愁。

开始还会让我姐姐找，可她哪有那力度啊？甭说姐姐找不着，就算找着了，我也根本不听她的。妈妈只好自己前院、后院地到处找，最后肯定是在某个砖堆或煤堆上，找到正在那儿"打仗"的我。

我们那时最爱玩儿的，就是把砖堆搭建成炮楼，修工事，弄得浑身上下那叫一个脏啊！我妈气都气"饱"了。每次进屋前，她都要先拿小扫帚把我身上的土和沙子扫干净了才让进去，总是越扫越生气，扫着扫着，就把小扫帚掉过来，照着我的屁股给两下子，不过我也不觉得疼。

记得在小时候，妈妈几乎没给我买过新衣服，她说，实在是太浪费了，新衣服在我身上穿一天，也成破的了。所以一般都是她买回来布，给我做，像胳膊肘、膝盖、屁股等重点部位，都做成双层的。

说实话，妈妈真是非常聪明、能干的人，结婚前她也不会什么家务，可她什么都是一学就会，就说做衣服吧，手巧得很。她给我做的衣服，结实不说，式样还很新潮，别人都以为是买的。

爸爸对我的顽皮并不会像妈妈那样深恶痛绝，比如，我那时很喜欢玩弹弓枪，这是妈妈最反感的，但我还是会经常在家里用弹弓瞄准某个目标，引而不发，当然姐姐是我永远的靶子。那时我和姐姐势如水火，她到处说我是捡来的野孩子。每当我用弹弓枪瞄准她时，她就会对着妈妈大喊着：

"他又玩弹弓了，还对着我！"

妈妈听见就厉声呵斥："不许玩儿，收起来！"

爸爸在一旁，只是说："你别老打你姐姐啊！"

我会狡辩道："我没打她，我是在瞄准她头上边的那根灯绳呢。"

听我这么说，爸爸准会又好奇了："你能一枪就打着吗？"

"当然能啦！"

姐姐一听，就哇哇乱叫着吓跑了。

和儿女在一起没"正形儿"

小时候，我最爱吃的就数饺子了，不是有句俗话说吗，"好吃不如饺子，舒服不如倒着"。妈妈在我刚回北京时曾问过我："喜欢吃饺子吗？"

我说："那好东西哪吃得着啊！"

这句话把妈妈给逗得够呛，和爸爸把我的话学了好几遍，就赶紧给我包饺子。等热腾腾的饺子端上来，爸爸看我像抢似的，怕我烫着舌头，就帮我用筷子先把饺子"夹"成两半，让我半个、半个地吃。但我吃得很快，爸爸不停手地帮我"夹"，还供应不上呢，根本顾不上自己吃了。

周末要是一家人凑齐了，会打扑克牌玩，一般都是玩儿一种叫"争上游"的游戏。我和姐姐都会抢着和爸爸"一头儿"，因为和他一拨儿总能赢，就算牌不好，他也能糊弄过去。

有时也会玩儿讲故事，当然大多时候都是听爸爸讲，但奇怪的是，爸爸讲的，我都记不大清了，可能是讲得太多记混了，反倒是我姐讲的唯一一个故事居然记得很清楚：

说一个傻子只会说3句话——我他妈的我；老子一时太高兴；那是当然！

有一天晚上他做好事回家晚了，敲门，他妈问：谁啊？傻子答：我他妈的我。他妈开门让他进来，问：干吗这么晚回来？傻子因为刚干了好事挺高兴，就说：老子一时太高兴。他妈一听：啊？那该不该挨揍？傻子说：那是当然！然后他妈就揍了他一顿。

第二天一早，邻居有人被杀了，警察问：这是谁杀的？傻子正好开门出来，就答道：我他妈的我。警察问：你为什么杀他？傻子还想着前一天晚上干好事呢，就答：老子一时太高兴。警察问：该不该枪毙？傻子说：那是当然！于是警察一枪把傻子枪毙了。

这叫什么故事啊！

妈妈那时候总会批评爸爸和我们在一起时没个"正形儿"，不像大人。

我当时虽不太能理解妈妈的话，但也感到爸爸是和别人的爸爸有些不同，爸爸没给我起过小名，倒是经常会给我起外号，这是很少见的。

因我小时候哭起来声音很响，爸爸说就连我的泪珠也特别大，于是就叫我"雨豆"；之后还起过很多怪异的名字，有的只用上一两回，就又换新的了，记也记不住。

跟爸爸上公园是一大乐事。那时我们家常去的是中山公园、景山公园。小时候，我最不喜欢去的是中山公园，因为一去那儿，大人就会没完没了地看门口摆的那些金鱼。

我去公园就爱看爸爸出洋相，那时军容风纪管得很严，在公园里，爸爸经常会被值勤的卫兵提醒要系好风纪扣，还有他穿着军装又不敢吃东西，总是悄悄地趁没人注意，突然咬一大口面包，能吓我一跳。

敌人从南边打过来了

现在想想，真是很怀念和爸爸一起去颐和园。尤其是最近这几年，可想找机会再拉着爸爸去一趟了，走走长廊，听听他讲长廊上那些画的故事。

爸爸对历史、文学的掌故了解得非常细，讲得又精彩。他几乎能把长廊里每幅画的来龙去脉都讲得清清楚楚，活灵活现的，三国的、水浒的、西厢记的，就连有的只是画着一朵牡丹花，他也能说得神乎其神的，估计这是他自己瞎编的。

走在湖堤上，爸爸有时还会给我们折一小段柳枝，做个柳哨，吹起来"卟卟"直响。

小时候去的最远的要数八达岭长城了，要坐吉普车开很久才到，我们都特高兴。

长城上风很大，能吹得我们直跑。我问爸爸："古代修长城干什么用啊？"

爸爸说："为了抵挡北方敌人对我们的侵略。"

我又问："那挡住了吗？"

爸爸沉吟了一下，说："敌人从南边打过来了。"

不管去哪个公园，我最怕照相了，因为老觉得自己长得不好看，站在那儿傻傻的，难受极了。姐姐长得好看，当然喜欢照来照去的。爸爸是从来不

姐姐和我

害羞，什么时候都是一副慷慨激昂的样子。一般要是有爸爸在身边和我一起照，受他的感染，我也就自然些。

妈妈不仅喜欢照相，还喜欢当"摄影师"，拿我们练手艺。后来妈妈还学会了冲洗胶卷，并搞来一套冲洗的工具，在家里搭起个小暗房。我们家那时期的黑白照片全是妈妈自己冲洗的，我也会经常钻进那暗暗的、只透出些红光的小暗室，看妈妈调试着药水，摆弄着底片，不一会儿，照片就一一显现出来，效果还不赖。

让爸爸管教我

在我记忆里，爸爸好像就打过我一次。

那是我在幼儿园又犯了什么错误，阿姨批评我，我不服气，就和阿姨大吵起来。也忘了她怎么惹着我了，总之到最后，我竟然捡起一小块砖头要砸她，吓得她满院子跑，我就满院子追，最后是被幼儿园养猪的饲养员赶来，一把夺下砖头，把我制服。

园长一看，这还了得，让我罚站，当时正好赶上要吃午饭了，我嘀咕着：凭什么让我站着，不让我吃啊？一撒野，把放在楼梯旁盛满菜的几个桶全给踢翻了。菜洒了整整一楼梯。那天午饭，全幼儿园的小朋友都是吃咸菜、萝卜皮就着米饭。这可惹了大祸了。

第二天周六，大院的班车接我们回家，和我一起到家的还有两位老师，她们把我的所作所为跟妈妈严肃地谈了，而且在联系本上也大大地写着：

希望家长认真教育。

老师走了，妈妈暂且没理我，我还挺奇怪：怎么也不打我骂我呢？原来妈妈知道，那天爸爸会回家，她是要让爸爸管教我。

等爸爸到家时，我已经躺在床上快睡觉了，爸爸进屋一看见我，就很高兴，"哈哈"笑着跑过来，拿挎包压着我，逗我玩儿。正高兴呢，听见妈妈在里屋叫他："阎肃，你进来！"

"嗯？你妈怎么不高兴啊？"爸爸进了里屋。

妈妈跟爸爸嘀咕了半天，过了一会儿，爸爸出来了，眼睛也不看我，说："你这个坏小子，怎么能把菜桶都踢翻了呢。"

在爸爸的思想里，踢翻菜桶，造成那么大的浪费，是不可饶恕的，相比之下，打老师倒不算严重了。

"谁让她们让我罚站，不让我吃饭呢。"

"那你不打老师能罚你站吗？"

"是她先惹我的。"

"你这个混蛋孩子，还顶嘴！"

爸爸说着，气势汹汹地走到床边，我一看不好，赶快问："你要干什么？"

"干什么？你们老师让我好好教育你，那我就只好教育教育你。"

"怎么教育啊？"没等我把话说完，人已经被爸爸反转过来，屁股上狠狠地挨了几巴掌，爸爸边打还边说着："叫你踢翻菜！叫你打老师！"没等我开始大哭，他已经打完进里屋了，我干号了两声，一累，也就睡着了。那晚睡得还特别香。

对于爸爸那次打我，一直也不记恨他，因为我知道爸爸跟我很"哥们儿"。他打我肯定是妈妈逼他这么干的，因为爸爸怕妈妈，这谁都知道。

在我们家里，妈妈是绝对权威，如果有什么冲突，爸爸基本上是没有任何抵抗能力的。偶尔要是爸爸说妈妈两句，那肯定是妈妈没爱搭理他，随他说；再说多了，妈妈一瞪眼，爸爸就没声了。

多年后有一次我陪老爸老妈上中央台毕福剑的节目，老毕问："阎老在您儿子小时候怎么也没好好管理过啊？"

我说："我们家一直以来，只有一个领导，就是我妈。我和老阎同志都是被管理的，属于一个级别，所以很难落实您说的那种情况。"

这说的毫不夸张，在我记忆里，他们真正的吵架，我只见过一次。当然，起因也是我，总之惹祸的都是我。

爷仨儿

老爸和我被一起扫地出门

那是一个星期天，我在院里玩儿的时候，和一个小孩儿打架，把他打了，其实他也打了我，只是我忍着没哭，他却哭得惊天动地的，好像受了重伤似的。

一会儿他爸爸来了，非常气愤地拉着他儿子，押着我，一起到我家告状。妈妈一人在家，听完之后，照例还是说："这小子混，待会儿我打他。"

可这回不灵了，那人好像一定要亲眼目睹我被"镇压"一样，没完没了地说，还越说越厉害，大有不杀不足以平民愤之感。这下妈妈也开始不乐意了，心想：我儿子再坏，也不至于就因为打你儿子两下就枪毙吧！于是一句气话脱口而出："谁让你儿子没本事啊，有本事也打他呀！"

那人一下愣住了，随即气得大叫，接着说了若干恶毒的话，妈妈一生气把门摔上，不理他了。我在一旁看呆了，这是第一次我打架，妈妈不光没骂我、打我，还为了我跟别人吵架。我当时的第一感觉是：看来她真是我亲妈。原先我一直以为自己是她从沈阳捡回来的野孩子呢。有家庭真温暖啊！

可没想到的是，那人没完呢。他在我家楼下一直等爸爸。那天快六点了，爸爸才从中国京剧团回来，刚到楼下就被那人叫住了："阎老肃，我有点儿事和你说！"

爸爸、妈妈、我，
奇怪，我姐哪去了？

"啊，什么事？"

爸爸是地位越重要就越随和的人，对同事都非常客气。

于是那人开始历数起我和妈妈的不是，把刚才骂我的恶毒语言，这回全用在妈妈身上了。好像我并没有多大错，反倒主要是妈妈的错了。

最后那人说了一句很富有想象力的话："阎老肃，你好好管管你老婆！"

因为他的声音很大，我们家住在二楼，妈妈听得是一清二楚，忍不住走到阳台，冲着爸爸喊："阎肃，你给我上来！"

爸爸应了一声，可人没动。

妈妈急了，又叫了两声。

爸爸虽然平时很让着妈妈，可他更重视同事间的团结，所以直等到那人把这点事儿反复说了几遍，最后实在是累了，不说了，才上楼回家。

让爸爸好好管老婆？那不是笑话嘛，他又没有"军阀"爷爷那两下子！

爸爸进门后，埋怨妈妈道："你和人家吵架干什么呀？"

妈妈本来脸色就已经不好看了，一听这话更火了。按妈妈的想法是，那人太过分了，小孩子打个架又没什么大事，你大人跑到家里来，整个就是无理取闹。妈妈还觉得委屈呢，不曾想爸爸回来了，不仅不帮着她，反倒向着外人说话。

而爸爸想的呢，不管怎么样也不该和团里的同事吵架。

因出发点不同，爸爸和妈妈开始吵起来，并越吵越厉害。这回，爸爸没怎么让着妈妈，好像突然之间不怕她了。这就让妈妈更生气了，最后气极了，连推带搡地把爸爸轰了出去。爸爸只好乖乖下楼走了。

"滚出去，不许再进家门！"妈妈用力把门摔上，气呼呼地坐在床上，忽然扭头看见一旁已被吓呆了的我，更加气不打一处来："你也不是好东西，也给我滚出去！"

"唉！"我正不知道该干什么呢，这下好了，听见妈妈的命令，像得了圣旨，赶快"滚"了出来。晃晃悠悠地从家里所住的后院走到中院，又从中院溜达到前院。

"咦！爸爸！"我突然看到爸爸正坐在前院一幢小洋楼的台阶上，我立刻高兴起来，跑到他身边，挨着坐下。

爸爸看了看我，也没责怪我，过了半晌才说："小宇啊，你能不能哪个星期不打架啊！"

"嗯！"看着爸爸这么可怜，我也难受了，点点头。

爸爸看我还知道听话，就又笑了，过了一会儿开始给我讲一个什么山鹰的故事。细节我忘了，就记得好像有个什么人，为了保护什么山鹰的眼睛，大喊着跳下山涧了。听着故事我也忘了还没吃饭，也不觉得饿了，反而挺高兴的，好像我们是特意跑到这儿来乘凉的。

妈妈一直在家里气得不行，邻居、朋友来劝也不行，还说要和爸爸离婚。直到后来，爸爸的一位好朋友丁家岐叔叔来替爸爸说了许多好话才算没事了，并让人来叫我们回家。正好这时爸爸也讲完了故事，拍拍我说："走，儿子，快回家吃饭，老在这儿瞎坐着干吗呀？"他这么一说，弄得我倒忘了为什么出来了。

那时候上学还是春季招生，一般是招当年3月底前满7周岁的孩子入学。我生日在4月，差了一个月，如果要找人说说，也应该能上，但妈妈说，儿子那么淘气，还是等再大1岁，多懂点儿事再上学吧。

就这样我在幼儿园大班又多待了一年。真不知我妈这怪想法哪儿来的。我倒是无所谓，还乐得多玩一年，可"空直"幼儿园的老师、阿姨们，就多受了一年的辛苦。

跟爸爸去京剧团

　　我因是早产儿，小时候身体壮是壮，但也不是很好，经常会闹肚子和发烧，而且总是这两样一起来。记得那时候，我经常是躺在床上，肚子实在闹得难受，想起来去上厕所，但刚一起身，头又晕得厉害，只好又躺下，可躺下后肚子又咕咕叫，真是难受极了。

　　爸爸在这时就会对我说："痛归痛，难受归难受，但总能过去，不会永远难受啊。你就想着以后不难受了的时候，就会好了。"

　　慢慢地，我真学会了这么去想。直到长大后，在我面对不管是皮肉，还是心灵上的痛楚时，我都会想着：早晚会过去的。这样想着，痛苦也就真的过去了。

　　在我快八岁时，终于在老师、阿姨的盼望下，离开了我"统治"了近三年的幼儿园，到灯市口小学上学去了。

　　如众人所料，我上学的第一天就又打架了。因同座位的同学，越过了我给他规定的"边界"，我和他打了起来，老师把我拉到一边批评我，我一生气把半个教室的课桌都推翻了。年轻的女老师吓坏了，把校长找来了。

　　在校长办公室，校长给爸爸打电话，爸爸当时正在京剧团开会，走不开，就给妈妈打电话，让她去接我，妈妈说："我可不去丢这个人！"

　　爸爸只好给空政办公室打电话，叫了个战士到学校把我接回家才算完事。

后来学校是在我写了检查，又让我爸写了保证书之后，才又同意我去上学。

我在灯市口小学上学的时间并不长，因老欺负别的同学，弄得有的同学家长有时会一路跟到学校，保护自己的孩子。

有一次上学路上，我看见走在前面的一个小子是告过我"状"的，就踢了他一脚，没想到刚踢完，后脑勺上就挨了一巴掌，原来是他的叔叔，听说他老受欺负，特意跑来当保镖的。

在灯市口小学，有一件很莫名其妙、总能让我和姐姐傻笑不止的事，我们把这件事起名为"老万同志"。

那是有一次学校开什么大会，校长讲了两句之后，就介绍说："下面，请老万同志讲话。"

也许是"老万同志"这个称呼对我们小孩儿来说听起来很奇怪，反正也不知怎么回事儿，我们全都笑个不停，一拨人笑，其他人也跟着笑，最后弄得全操场的学生都跟着傻笑。我和姐姐回家，跟爸爸说起这事，边说边笑个不停。

直到多年后，有时爸爸从书房走出来，说："我现在说一句话，保证你们俩肯定会笑。"

"什么话啊？"我和姐姐异口同声地问。

"老万同志！"

"哈哈哈哈……"我们真的还是能笑个没完，真是怪了。

在任何学校，坏学生总是能很快地凑在一起，就像有磁铁一样。我上学不久，就认识了不少学校里更坏的一些高年级学生，他们教我旷课、逃学，还有抽烟。

那时家里的三角柜里，有一筒爸爸的"中华"烟，他一直不舍得抽，那时候他都是抽"大前门"的，我就慢慢地一根、一根地偷拿出来抽，直偷得没剩几根了，爸爸还是没发现，他对东西向来没什么数的。

说起来没人会相信，有时候抽烟是为了取暖。冬天旷课跑出来玩儿是很冷的，有时候躲在砖堆后冻得发抖，就说："抽根烟暖和暖和吧。"

一年级还没上完，学校就因为我老惹事快不想要我了，我妈也快受不了了。原来在幼儿园时呢，我再淘气，也是一星期才回家一次，在家的时间加起来才一天半，妈妈一个人也还算应付得了。可现在上学了，每天都回家，几乎又是每天都惹祸，妈妈可坚持不住了，就跟爸爸商量怎么办，爸爸想了想，说："那就让儿子跟着我去京剧团吧。"

"吃饭呢？"

"食堂呗，京剧团伙食不错。"

"你带得了吗？"

"自己儿子有什么带不了的，再说还有那么多同事呢。"

"我还怕他把你带坏了呢。"

"哈哈……"

我手里拿着的"红宝书"可不仅是摆样子，里边的主席诗词也背了。

就这样，妈妈带着姐姐还住在灯市口城里的家，我呢，和爸爸住到了西郊的中国京剧团院里，也就是现在解放军艺术学院所在地。

我和姐姐都开心坏了，她是因为我终于"滚蛋"了而高兴；我是因为离开了总管着我的妈妈和总给我告状的姐姐，跟不管我的爸爸住一起，太棒了！虽然妈妈每周末还会来看我们，但已经很自由了，那里一定是我的快乐天堂。

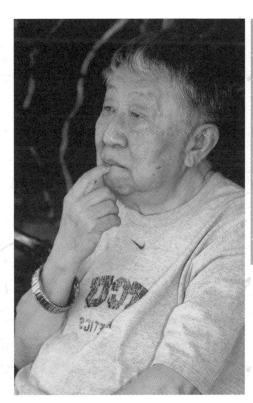

"样板戏"创作组组长

我爸在搞完舞剧《红色娘子军》后，又去中国评剧团帮助工作了一段时间。后为改编京剧《红色娘子军》等剧目，就被借调到了中国京剧团，从事当时"中央文革"直接抓的样板戏的创作工作，并任创作组组长。

当时的中国京剧团可以说集中了全国戏剧方面的精英，都是最棒的。编剧、导演、作曲、指挥、演员俱堪称一流，光创作组里就全是大师：有李少春、关肃霜、张君秋、张春华等，还有大导演李紫贵、郑亦秋。我爸之所以当组长，可能和他穿着军装有关，但他在那个特定时期对任何人也都丝毫不带任何政治偏见，他主要是搞剧本创作，京戏大师们主要是"创腔"，合作得非常愉快。可以说，样板戏除了它历史上的局限性外，它在艺术性上确是精品，很多词句真是经典。

我曾问过爸爸他写的这么多部戏里哪部戏里"阶级仇恨"最深，他想了想说："那大概要算是京剧《红色娘子军》了，每场都有'狠词'。"

后来我特意看了这个剧本，发现里面有很多唱词的确挺"酷"的。经历过那个年代的人们可能都还有印象，不过我也想把一些唱段介绍给年轻的朋友们，算是了解一下以前吧。像第一场中吴清华死里逃生后的一段：

关黑牢三天未见一粒饭，

遭毒打遍体伤痕血未干；

湿淋淋分不清哪是血呀哪是雨？

黑压压看不清密密椰林哪是边？

这世道，谁肯听我诉苦难？

谁能替我报仇怨！

雷电哪，你为什么不化作利剑，劈开椰林寨！

五指山，你为什么不把五指攥成拳，打死南霸天！

之后，吴清华遇到洪常青，有一小段词：

80年代的老爸

黄连水里泡大我，

孤儿无家十三年，

哪里投奔哪里去，

我问遍大地问青天。

然后是清华开始诉说苦难经历：

硬抓我这五岁孤儿立下一张卖身契，

从此锁进黑地狱，每日浑身血淋滴；

睡牛棚，盖草席，

芭蕉根，强充饥，

两眼望穿天和地，

孤苦伶仃无所依。

剑麻压在石头底，

筋骨磨碎志不屈，

死不甘心做奴隶，

不向老贼把头低。

第五场《山口阻击》中，洪常青们与敌人英勇战斗：

子弹打光用刀砍，

枪托砸断有铁拳！

满山岩石做炮弹，

一腔恨火凝刀尖！

看完这部剧本，真能感觉到那年代的阶级仇恨是真深啊。

我爸在改编完京剧《红色娘子军》后，还参与并执笔了其他几部戏的创作，有革命现代京剧《草原兄妹》等。当然，那时候的作品明显带着时代特色，如《草原兄妹》里牧民格日勒的一段唱词：

早春天气，冷暖无常，

风云变幻要时刻提防。

阶级斗争，牢记心上，

莫忘了草丛沙岭还有豺狼！

学大雁并翅高飞无阻挡，

兄妹们要团结互助，勇敢坚强！

那些年，搞创作是很辛苦的，为了真实，为了贴近大众，爸爸经常要下到基层体验生活。他去过上海造船厂，真的和老师傅们学会了焊铁板，去海南岛也是一住几个月。等到把我接来时，已是稍稍稳定，尽量少出差了。

"样板服"和"样板灶"

上边很重视中国京剧团的工作,后来特改名为中国样板团,待遇也越来越好。每个人发两套灰色制服,称为"样板服",每个人每天早晨配发一个煮鸡蛋,下午、晚上还有加餐,俗称"样板灶",这在当时是很好的了。

有一次样板团到地方县里演出,县文工团的负责人看到样板团的待遇,很是羡慕,就和县长抱怨说:"你看人家样板团,人家有'样板服'、'样板灶',我们有什么啊?"

县长说:"人家有嘛,人家是革命需要!"

负责人问:"那我们呢?"

"你们,你们是需要革命!"

在我刚到京剧团时,每天早晨起床爸爸就带着我去食堂吃早饭,总会有叔叔、阿姨把发给自己的鸡蛋拿给我吃。爸爸看我从不知客气,吓得不敢再带我去食堂了,改成他把早饭打回来,我也乐得如此,这样能在床上多赖一会儿。

在京剧团吃了几年的饭,印象最深的要属爸爸用的那只巨大的青花瓷碗。好家伙,真大,如果装满了足够5个人吃的,也不知爸爸是从哪儿弄来的,可沉了。我觉得爸爸有时候会故意用些怪东西以示与众不同。

后来,在我们离开京剧团后,就再也没有见过那只大碗。不过,在电影《我的父亲母亲》里,那"母亲"用的大碗,倒真是有些像。

给儿子抓"蛐蛐"

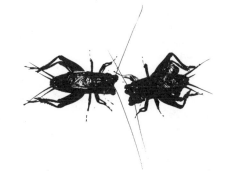

在京剧团，我一下有了很多新的乐趣，其中我最喜欢的就是玩"斗蛐蛐"。

大院里，茂密的果树林、草地、小荒坡上，都生长着大量的昆虫，这下我乐坏了！这可是原来住在城里时想都不敢想的啊！我开始整天穿梭于草丛之中，弄得我们的小屋里到处是蛐蛐、蚂蚱、刀螂、扁担（一种昆虫的俗称），还有各式蜻蜓，其中我最喜欢玩的是蛐蛐。

爸爸总是我最好的盟友，他不会像其他父亲那样就知道管教啦，约束啦，不停地讲大道理，不让你干这，不让你干那的。我爸爸是属于那种很"哥们儿"的父亲，凡在我想干什么，或想玩什么时，他大多数情况下不会阻拦，而是会帮忙。比如一看我喜欢玩儿蛐蛐，他就帮我找来各种养蛐蛐的家伙儿：有用完的墨水瓶、罐头瓶、罐头桶、破缸子。其中最好用的就是玻璃的水果罐头瓶，圆圆的，里面也够宽敞，还是透明的，能看到里面的蛐蛐，又有盖子，盖上扎几个眼，透气。

一天，我突然发现一只蛐蛐全身都变白了，好像得了什么怪病似的，忙拿着去问爸爸。他看了也不太明白，说："你去找李紫贵叔叔问问，他懂得多。"

我就跑去问，大导演一看，笑了，说："它是在蜕皮，你抓的都还是

'蛐蛐秧子'，等蜕完两次皮，变成黑色了，才是真正的蛐蛐呢。"

"噢。"我这才明白，连忙回去告诉爸爸这一重大发现。爸爸一看，觉得此中学问不少，干脆又在团里打听出谁懂蛐蛐，谁会养蛐蛐，于是带着我找到团里的一位"武生"陈宝忠叔叔家里。

陈叔叔是山东人，玩蛐蛐多年了。我一看人家的蛐蛐，真开眼啊！可大了，让人羡慕死了。参观完后，陈叔叔教了我一些如何喂养之法及如何分辨正经蛐蛐与"劳米子"、"棺材板"等旁门左道之类的差别。爸爸在一旁也认真地听着，弄得人家直纳闷儿。

临走，陈叔叔又送了我两只蛐蛐和两个正宗的蛐蛐罐。这下我像发现了新大陆似的，原来还有专门养蛐蛐的罐，这更说明玩儿蛐蛐是正经事了。别客气，当天我就逼着爸爸"吐血"，到院门口的土特杂货店给我买了四个新蛐蛐罐。过了些年，在我们搬回"空政"后，陈叔叔还来看过爸爸一次，我赶快凑上去和他聊了会儿蛐蛐，还是那么亲切。斗蛐蛐这爱好我也一直保持着，直到现在。

本来每天中午，爸爸都想按妈妈的规定让我睡午觉，这是我从小最烦的事了，妈妈不在，我当然不干了。旁边一位叔叔也跟爸爸说："他高兴去玩，您就让他去呗，您自己睡清净。"爸爸属于那种"听人劝，吃饱饭"的人，一劝就听，于是我争取到了中午这段大好时光。

大人们都睡午觉了，院子里人最少的时候，我在骄阳下不停地翻动着草棵、砖块、树根，兴奋地寻找着、抓捕着。有一次，在游泳池旁，我发现了一只很大的蛐蛐，立时紧张起来，因为觉得难得碰到这么大的，就没有贸然下手，想把它先轰到一旁的水泥地上，那儿比较开阔，容易抓。

按照计划，我把它轰上了水泥地，它"卜、卜"连蹦两下，我摆好姿势，刚要下手，谁想它竟连蹦了十数下，直蹦进另一边的草丛溜走了。"哎呦"，我懊悔极了，真是越小心还越弄丢了。找啊，找，怎么也找不着了，我不死心，一连来这里一个星期，最后，它也没有再出现，快成终身遗憾了。

玩蛐蛐的人都知道，刚抓回来的蛐蛐是要先养一段时间再斗的。可我那

时不懂，每天中午抓蛐蛐回来，把放在怀里的装蛐蛐的纸筒放在桌上，然后逐一拿起，打开一端，把筒里的蛐蛐倒进一个空着的鱼缸。全放进后，用硬纸壳盖上，蛐蛐们在里面开始互相乱打了。我透着玻璃看，把那些厉害能打的再挑出来，放在罐里养，就算是住上单间了。那些残兵败将，到了第二天就被我喂猫了。

当我斗蛐蛐时，爸爸只要有空就一定凑上来看，我们俩还经常打赌哪只会赢，他总是输的。真像妈妈说的，他快被我带"坏"了。

有一天下午，我正在家里"检阅部队"，爸爸快步进来，双手攥着个报纸筒，说："快，里面有只大蛐蛐！"

原来是爸爸在四楼会议室开会时，忽然听到楼道里不时传来"嘟、嘟"的叫声，很响、很亮，他一想：这不是我儿子要的蛐蛐吗？于是爸爸就借口上厕所溜出来，顺声音一看，那小虫就趴在窗台上，爸爸赶快到隔壁办公室拿了张报纸，卷成筒状，掐紧一端。然后慢慢地走到窗台前，把纸筒放在前面堵住，另只手慢慢轰它，手忙脚乱之间真就把它逮回来了。

我兴奋地打开纸筒一端往里一看："嗨！爸，这是蝈蝈，蛐蛐是黑的。"

"噢！蝈蝈啊，可它叫得也挺好听。"

"那倒是，这也挺好玩儿的，可难逮了，我都没捉到过，你可真行！"

爸爸一看还得到表扬了，有些飘飘然，得意地接着开会去了。

到了秋天，院里的水果开始陆续熟了，其实对于我们小孩儿来说，熟不熟都一样，比如苹果吧，从它很小、很酸时，我们就偷摘着吃，一直吃到熟为止。说来也怪，院里的孩子们大多不敢去偷果子，他们怕被大人或看园人打骂。可我去摘，从没人说我、骂我，可能是看在爸爸的面子上。

每天下午上学时，我的书包里总是满满的，不是书，全是刚偷的水果，生的、熟的全有，拿到班里和同学一起吃。

跟我聊的都是玩儿

　　我上的第二个小学，是大钟寺二小，在农科院里面，班主任霍老师，当时觉得这个姓挺怪，直到后来电视里有了《霍元甲》，才不觉得这姓怪了。

　　和以前一样，我到了新班级没两天，就和班里的"三王"打了一架，没分胜负，奇怪的是，老师没怎么骂我们，可能是郊区学校的老师对打架司空见惯了。于是，胆大起来，等到下午上手工课，班里的"大王"过来跟我挑衅，说："你打不过赵溪，你就得排'四王'，我是'大王'，你得听我的。"随后他为了示威，把我的椅子踢翻了，我只好出击了，把他摁在地下打了一顿。在挨了老师一顿骂后，我成了班里的"大王"。

　　在新学校，我突然变得各方面都很不错了，不光学习好了，长跑、短跑都是第一；手工课上做手工活，组装摁扣板，我也最快；玩骑马打仗、打架什么的，就更是最厉害了。每学期的学生手册上评语一栏，总会写着：希望该同学在下学期，能改掉爱打架的坏毛病。

　　那时候爸爸很少管我上学和学习的事，他一直觉得我学习和玩儿的事自己都能搞得定，不用他担心。而且他不像大多数中国家长那样"望子成龙"，说是为了孩子成才，其实也是为了满足自己的虚荣心，逼孩子学琴学画儿什么的。

　　记得在空政时，有个小孩儿刚跑下楼要和我们玩儿，他妈妈就在楼上

姐姐永远都会和我抢爸爸。

喊："小宝，还有5分钟啊，要练琴啦。"他出来玩儿都是用分钟计算的，那可怎么玩儿啊？还有一个钢琴弹得很好的朋友长大后对她妈说："我是能弹一手好钢琴，但我失去的是快乐的童年。"

爸爸可不那样，在他有空儿时，跟我聊的都是玩儿的事，还教会了我下跳棋、象棋，而且，对于玩儿，爸爸还总是很虚心地向我请教。

"文革"时期，很多学校都处于半工半读的状态，上午上文化课，下午做手工，算是学工了；有时拔草，就算是学农。

我们当时是在郊区，有拔草这方面的条件。放暑假时，也不知为什么，学校要求每个学生在开学前，上交80斤干草，大概是要培养我们"学大寨"的意识，当然那时还不懂环保呢。我回家问爸爸怎么能弄到干草，他说："你得先拔些新鲜的草晒干了，就成干草了。"

我说："我的天哪，到哪里去拔那么多草啊？"

爸爸想了想说："咱们院不是有好多草堆吗？你去找人家，好好说说，要点儿不就行了。"

于是，我也没跟谁说，直接东抱一把，西抱一把，捆了一大捆，连自己都抱不动了。那时真怪，到处都有草堆，爬上去软软的，很好玩儿。

小时候淘气的孩子，身上总会青一块、紫一块的，我就是这样，一年到头，身上总带着伤。爸爸有一盒"康肤膏"，他可迷信它了，不论我是擦伤还是磕破了，他一律都是给我抹上些"康肤膏"。别说，还真管用，比红药水、紫药水强。现在想找都找不到这种药膏了，也不知道爸爸当时是从哪儿弄来的。

妈妈带我到天安门悼念总理

1976年的冬天很冷，直到4月了，也不见暖。一天中午，妈妈突然回来了，说要带我去天安门。

下午，我和妈妈到了天安门广场，人密密麻麻的。纪念碑上摆满了花圈，汉白玉栏杆上也插满了白花，我知道这是纪念周总理的。学校里也早发了白纸，让大家做白花，我的胸前也别着一朵。

妈妈领着我走上纪念碑，让我把帽子摘了。我觉得有些冷，可还是摘了。我们往前走了两步，妈妈拉着我对着纪念碑鞠了三个躬，然后说："把你的花儿留在这儿吧。"我便把花儿摘下放在了石阶上，跟妈妈从另一侧走下了纪念碑。

妈妈回头看了看纪念碑，又看了看我，想要说什么，却发现我手上还拿着朵白花，我解释说："刚才下来时，我又捡了一朵，学校要求都要戴的。"妈妈也就没再说什么了。

那天，天很阴，很黑，妈妈看天色晚了，就拉着我离开了广场。

后来我才知道，那天是清明节，是爸爸让妈妈带着我去广场悼念总理的，他自己去不了。在我们离开广场不久，即发生了震惊全国的"天安门事件"，整个天安门广场被戒严，抓了很多人。妈妈在广场上照的一些照片，也吓得不敢洗了。

　　爸爸没去天安门，但他竟然在创作组的办公室里私设灵堂悼念总理，团里很多人都去了，大家也都为爸爸捏把汗，好在没出什么事。爸爸后来还写过一首纪念周总理的歌词《肝胆照春秋》，记得其中有这么几句：

　　　　一生昭昭岁月，任凭风雨稠，
　　　　惊涛骇浪里，谈笑取轻舟。
　　　　从来高瞻远瞩，韬略有奇谋，
　　　　大智复大勇，青史写风流。

地震风波

终于等到天暖和了。

小时候最喜欢的就是夏天，听着蝉鸣，听着蛐蛐"嘟儿、嘟儿"叫就高兴。

夏天的一个深夜，人们都已进入了梦乡，世界又交还给自然界主宰。昆虫们开始欢歌，树木也开始了它们的"温温"细语，连桌椅也不时发出"咔"的一声以响应这无边的乐趣。忽然，满屋子的瓶子开始剧烈地摇晃，相互碰撞的声音"当、当"乱响，接着，整个楼开始颤抖了。我立时被吓醒了。这时爸爸已跑过来："快穿鞋，地震了。"

从爸爸并不慌乱的口气里，我减少了些恐惧，但还没顾得上多问，就已被爸爸抱起，三步并两步地下了楼。一出楼门，我就高兴了，全都是人，真好玩儿。

大伙儿在楼前一片空地上聚集起来，议论纷纷的，我倒觉得热热闹闹的，捅捅这个，拉拉那个，爸爸一直不怎么紧张，只是叫我别闹了。

那夜，爸爸不知从哪儿找来一把藤椅，让我蜷在椅上睡了。爸爸在一旁和别人聊天儿，一宿没睡。我记得很清楚，那晚我被蚊子咬了三十多个包。

到了第二天，上级通知，唐山发生大地震，还有可能发生余震，一律不许回楼睡觉，还在所有的楼门上贴了封条。

于是爸爸找人搬了张单人床，放在离白楼有一段距离的水泥路上。据爸爸说，白楼里钢筋多，最结实。又在床头、床尾各绑了两根棍子，挂起蚊帐，这就成了我临时的家。

爸爸等我睡着后，他就溜跑了。后来我才发现，他是翻窗户，悄悄爬进白楼的办公室里睡觉去了。他不相信有那么多钢筋的"白楼"能被震塌了。

唐山大地震的余威很久都散不掉，尤其又听说因地震死了很多人，大家就更不敢稍有松懈。院里有些家里有"壮劳力"的，都开始在果园或树林里搭地震棚，还有的，干脆挖个"地下工事"似的家，先挖个坑，上面盖上油毡，有的甚至还安置上炉子准备过冬，摆出打"持久战"的架势了。

爸爸也觉得不能老让我在露天睡啊，就找团里借了两间平房，于是，我们就在灰楼前的一排平房中住了一小段时间。那时候总停电，晚上最好玩儿的，就是拿手电筒照人玩儿。我用爸爸教的方法，把电筒贴在脸上突然打开，伸长舌头的怪造型，吓哭过好多小孩儿。

自从我跟爸爸住到京剧团后，就变成妈妈每周末带着姐姐来看我们。住上一两天，周一早晨一大早再走。也可能是不常见我的缘故，妈妈对我也不像以前那么严厉了，有时遇到我淘气，也睁一眼，闭一眼的。但还是会经常教训我。妈妈和我有一段"口令"般的对话说过无数次：

妈妈问："为什么老搬家？"

我答："因为我要转学。"

"为什么转学？"

"因为我淘气，学校不要我了。"

"那知道淘气，以后怎么办？"

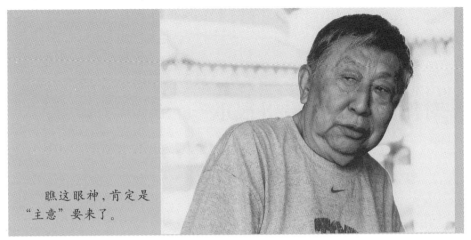

瞧这眼神，肯定是
"主意"要来了。

"以后改。"

等到地震风波平息后，京剧团为了照顾我们家团聚时住得更方便，就在家属楼的一个单元里，给我们腾出一套三间的住房来，还配了很多家具：有大沙发，沙发床，可舒服了。我最高兴的是，有一个单独的房间可以给我养蛐蛐玩了。

对作品和人品看得很重

很多人认为阎肃老先生性格开朗、随和，从不会争强好胜。爸爸在很多方面的确如此，但他对胜负还是看得很重。

爸爸和我在不同时期，有不同的竞争游戏。小时候当然就是"双肩着地"的比试，一直到我上小学二年级了，爸爸发现越来越难赢我了，他就不玩儿了，改下象棋了。

爸爸的象棋下得挺好，属于院里的一流高手，开始赢我是"小菜一碟"，等我上到三年级，院里的大人几乎都下不过我了。一天，我又拉着爸爸下棋，我知道，我能赢了。爸爸下到一半，意识到问题的严重性了，知道我是有备而来，于是开始想办法了。他很少戴手表的，就问我几点了，我看看告诉他，爸爸立刻摆出很匆忙的样子说："我要开会了。"说完就走了。

我不情愿地追着他说："你们星期天还开会？那这盘棋，等你回来再接着下啊！"

等到我出去玩儿了一圈再回家时，发现棋已经被爸爸收起来了，我问爸怎么给收起来了？他说，忘了。我就拉着他重新开局，他死活不下了，这时我才知道上当了。从那以后，爸爸再不和我下棋了，而且好像就不再玩儿象棋了。所以，他到现在都得意地说，他没输过我。

我们家住过的大院一般都有游泳池。夏天，爸爸常带我们游泳。开始

阎老在空政文工团门口

时，他把我往深水池岸边一放，说："自己扶着池边扑腾、扑腾，喝两口水就会了。"我就这样慢慢会游了。

爸爸游泳很好，能半躺在水里，手里举着张报纸看，嘴里还叼着烟，用脚一蹬池壁，人就慢慢漂着，一会儿就漂到泳池对岸，一转身，顺手在池边弹掉烟灰，再在池壁上一蹬，又漂回来了，还保证报纸不湿。

爸爸说，这其实不难，主要是要保持平衡，在水没过耳根时，不要紧张，提口气，人自己就能漂起来。爸爸的另一手绝活是：先将自己体内的气几乎完全吐出，然后潜水到2.5米深的池底坐下或躺下，厉害吧。

等我长大些时，就一直想和爸爸比试，当爸听别人说我已游得很好了，他就基本上不和我一起游了，我还是得不到和他一比高下的机会。

反正我知道，看上去事事无所谓的爸爸，其实对胜负看得很重。这种胜负心在工作中也就成了精益求精，对自己的严格要求，包括在"文革"中的为人和作品。

1976年真是中国的大事年。年初，周总理逝世，随即朱老总也辞世了；夏天，唐山大地震；到了9月，新中国的缔造者，一代伟人毛主席也与世长辞了。正当全体中国人民陷入深深的悲痛及惶恐中时，又是一声惊雷，"四人帮"刹那间被粉碎了！

向阎肃同志猛击一掌

一天，我放学刚走进大院门口，电工房徐师傅的儿子喊我："小宇哥，那边大字报上表扬你爸爸呢，说给你爸爸鼓掌。"

"是吗？"我顺着他指的方向，走到一处大字报栏前，有一张大字报醒目的标题是：向阎肃同志猛击一掌。

我当时虽然才9岁，但仍然隐约感到这不是单纯的鼓掌，也不太像是表扬。因认字有限，大字报的内容也看不懂，就赶快回到家。

爸爸正在家看书，也没看出有什么不同，听我说完大字报的事，倒笑了，说："傻小子，你都看了，懂什么意思吗？"

"不懂，他们说是给你鼓掌，可我觉得不像。"

"你还挺明白啊。"爸爸没再说下去，岔开了话题。

后来有那么几天，爸爸难得的经常在家看书，整理些资料。后来才知道那是在接受所谓的审查。个别人想当然地认为，"文革"期间爸爸那么受重用，又参与了多部样板戏的创作，肯定应该有些问题。一荣俱荣，一毁俱毁，这都快成了中华民族特有的思维习惯了。

在那小段可称得上人生低谷的日子，爸爸并没有表现出任何反感与不安。爸爸一贯相信组织，也相信自己。

我的老爸真是非常正直、本分的人，这是所有了解他的人都清楚的。他得势时从不傲视欺人，失落时亦能谈笑自若。他自己就常说："得意时不要在群众之上，失意时不要在组织之外。"

他从不害人，严于律己，更不向组织提任何要求；一生正派，从不阿谀奉承，溜须拍马。"文革"中，从某种意义上讲，他可算得上是浪尖上的人，在如此靠近上层的人当中，只有他，没给"中央文革"首长写过效忠信，更没写过立功检举信。

"文革"中，某首长曾几次劝他脱掉军装，调到文化部委以重任，都被爸爸婉言谢绝了。首长曾不满地问："你不想跟首长干革命啦？"

爸爸答说："自参加革命以来，什么都可放弃，但唯有这身军装难以舍弃。"看爸爸态度坚决，首长亦只好作罢了。

对于样板戏过于夸大阶级斗争的问题，爸爸也曾说过："现在文化部都快改成公安部了，每部戏都得抓个坏人出来。"

这话很快传到"中央文革"某首长那里，引起很大的不满，但碍于爸爸在业务上的权威性，才没定为反动言论。

爸爸从不想着去当官，如果他真是官迷，恐怕还真出问题了。他不光没有当官的瘾，在我看来，爸爸一生虽然有些成就，被冠以这家那家的，但他自己却没太以艺术家、剧作家等自居。他始终认为，自己首先是一名老兵，一名空军的老兵，这是他的根，他的本。为部队的文艺建设、文化宣传发挥自己的作用，是应当应分的。就是凭着这种思想，他才真正做到了长盛不衰。

那段时间，我虽然不太知道发生了什么事，但好像也一下变得安静了许多。有时候，一个人闷了，心烦了，就会走到楼根底下，紧贴着墙壁，抬头往上看：红红的砖连成一片，显得又高又宽，接近了蓝天……这时会觉得自己是那么小，才一点点大，这样看着、看着，就不闷了，也不烦了。

经过不长时间的审查，历史给出了正确的答案，爸爸一点儿问题都没有。

但遗憾总还是有的。

"文革"中任文化部长的于会泳，没能经得住心理上的压力，在狱中自杀了。

　　记得有一次，他来京剧团安排工作，刚巧我从楼门口跑出来，被一把扫帚绊了一下，我一脚把扫帚踢飞了。这一幕被于会泳看见，笑问："这是谁的孩子？这么厉害！"旁边人答道："阎肃的儿子。"

　　他笑了："我说呢，这孩子将来准厉害，连扫帚绊一下都不行。"

　　在我还住在灯市口的时候，有一阵子喜欢玩儿烟盒，爸爸没有那么多好烟，都是找于会泳要好烟的空盒带回来给我玩儿。他有时候烟还没全抽完，就把烟先倒出来，把盒给我。于会泳本是一位非常有才华的音乐家，由于选择了错误的政治道路，导致可悲的结局。

　　还有当时京剧团的团长浩亮，他原本是一名非常优秀的武生演员，因饰演李玉和而名声大振，但也给他带来了是是非非。"文革"中他对我们家一直非常关心，对我的生活也时常过问。在政治大潮的旋涡中，个人的力量是渺小的。在浩亮被判刑期间，我们都很关心，想去看他，但一直没有合适的机会，后来听说他出来，又开始从事京剧教学工作，生活得挺好，我们全家人都很为他高兴。

历史京剧《红灯照》

粉碎"四人帮"后，爸爸在中国京剧团又写了一部戏，是和剧作家吕瑞明共同编写的历史京剧《红灯照》。每当提起这部戏，爸爸也是感慨颇深。

那还是在1964年，毛主席有一次接见中国京剧团的部分演员时问："你们在排演什么啊？"当时刘长瑜答道："我们在排演《红灯记》。"

主席说："你们以后也可以演一演《红灯照》啊，那个故事也是很感人的嘛。"

消息传回京剧团，领导们就开始规划部署，但"文革"开始了，江青认为《红灯照》是历史题材，不是革命现代戏，因此也就被耽搁下来。

爸爸说过，其实现代戏也不是"文革"的产物，他和汪曾祺先生都在"文革"前写过现代京剧。汪曾祺先生写的是《雪花飘》。爸爸在"文革"前和剧作家王雁先生合作编写的《年年有余》，是描写人民公社现代农村妇女的，一个保守的老头的儿媳当上生产队长的故事。这部戏由表演艺术家马连良、张君秋主演，全剧没有一句对白，从头到尾全是唱，相当过瘾。后来张君秋还多次跟我爸说，希望能再写一个类似这样全是唱的戏呢。

为了写好《红灯照》，真实再现当年义和团、红灯照抗击八国联军的光辉历史，爸爸他们到天津、河北武清县，把所有活着的老义和团员都走访到了。剧本创作、导演排练都非常快，在1977年10月，粉碎"四人帮"一周年

147

之际，推出公演，轰动一时。

> 红灯闪，红巾挥，
> 杀声起，满天雷。
> 大师姐，二师妹，
> 耍起刀，快如飞。
> 练好武艺杀洋鬼，
> 明日车站显神威。

　　当时的党和国家领导人华国锋、叶剑英、李先念等同志均来观看了演出，给予高度评价，并上台与演职人员合影留念。合影时，爸爸站在了华国锋同志的身后，和当年《江姐》一剧合影时所站的位置一样。邓小平同志当时因为还没有复出工作，所以没来。

　　我没看过《红灯照》的正式演出，觉得麻烦，但是排练倒是一直看，那时候就知道女演员们打得挺好玩的，尤其是合唱这个唱段时，好多女演员列队拿着刀，在地上连滚带爬的，想学都不容易。

回空军复排《江姐》

1977年，空政复排《江姐》，经组织决定，爸爸从文化部的京剧团调回"空政"，这也是爸爸自己的决定。我恋恋不舍地离开了那座大花园，跟着家人搬到了位于北京西郊的定慧寺"空政"院内。

"空政"的院比京剧团小了不少，这原是一座古寺院，当时院内的建筑都是平房。我家就住在大院的西半部，中间的一排平房最东端的三间。这里每家房前都有一小块空地，各家就种些花草、蔬菜什么的，比起现在住的高楼单元房，倒显得有情趣得多。

爸爸回到"空政"后，除了配合复排《江姐》的工作外，很快又投入到歌剧《忆娘》的创作中。这部歌剧描写一位女华侨，在"文革"期间的种种遭遇及奋发向上的故事。

为使爸爸静心创作，单位特为他和另一位编剧王剑兵寻找到一处安静的所在——香山。正巧赶上我放暑假，就跟爸爸一起去了。

我们住在香山半山腰上的一处道观中，幽静异常。每天，爸爸他们闭门创作，我呢，就自己瞎玩儿，倒也自在。

由于处于半山腰中，使原本就不高的古刹建筑，皆被隐于郁郁葱葱之中。观内树木林立，遮天蔽日，给人以一片肃然的感觉。尤其在观内一侧，有一深达十几米的长方形大坑。坑内生长着数十棵直径1米以上的参天大

树，非常雄伟、壮观。

有天晚饭后，爸爸领我散步至此，我问他："爸爸，你敢跳下去吗？"

爸爸看看深坑说："要是后面有几条大狼狗追，就敢跳了。"

"哈哈……"

羊鸣、丁家岐和老爸

爸爸总是这样瞎说瞎逗的。在观内的这些天，他怕我一个人会闷，几乎每天散步时都会给我讲一个笑话，其中有这么一个：

有一家，夫妻二人，非常穷，家里除有小半缸米之外，炕上连被子都没有。

一夜，一贼进入屋内，四下一摸，什么都没有，仅有小半缸米。贼这个气啊，心想，那也不能白来啊，就要把米偷走，但缸太沉，就想用身上穿的棉袄把米包起来。于是他把棉袄脱下，铺在地下，转身去搬米缸。

正巧此时，家里的男人被冻醒了，借着月光扭头一看，见一棉袄，喜出望外，赶快伸手拿起棉袄盖在身上，心想这可真好。

这时，那贼抱起米缸，估摸着放棉袄的位置，轻轻一倒，"哗"的一声响，把贼吓了一跳，心想，米倒在地上的声不对啊，棉袄哪儿去了？

声音也把家里的女人吵醒了，急推男人道："唉，你听刚才有声音，是不是有贼啊？"

男人正因盖着棉袄暖和了，高兴着呢，遂答："没贼。"

小偷一听这话，不干了，说："没贼？不能！没贼我棉袄哪儿去了？"

这故事后来成了我和爸爸互相逗闹时最常用的段子，经常任意发挥。有时他找不着东西，问我："坏小子，拿我钢笔了吗？"

"钢笔？没拿！"

"没拿？不能！没拿我钢笔哪儿去了？"

说完我们俩能"哈哈"傻笑半天，效果和当年的"老万同志"差不多。

夜色中的香山，在幽静中吐露着大自然的气息。风中林木的细语，和着蛙鸣、虫吟，奏出一首欢快不间断的交响曲。我想：在山林里生活，一定会比喧嚣的城里要诱人得多。

妈妈发展我入少先队

我跟爸爸住到暑期结束，妈妈来接我，送我去新学校。这次我转入的是六一小学，妈妈好像认识这儿的老师。妈妈先带我去了办公室，在简单交谈后，老师带着我们去教室。

这里是一排排的平房，操场不大，我走在老师后面，刚拐过一个转弯，跟在我后面的妈妈忽然拉住我，飞快地从包里拿出一条红领巾系在我脖子上。我一愣："干吗？"妈妈说："你别管！快跟上老师啊。"

我像做了贼似的跟着老师进了教室，老师介绍完我名字后，接着说："大家也看到了，新来的同学也是一名少先队员，大家鼓掌欢迎。"在同学们稀稀拉拉的掌声中，我就这样被妈妈发展成少先队员了。

记得1994年我去沈阳四姨家玩儿时，恰巧上一年级的小表妹珠珠放学回来，一进门就喊："妈妈，拿钱！我要入少先队了，要买红领巾。"

我忙问："这么棒啊，你们班这批发展几个同学入队啊？"

"全入，全班全入。"

"啊？"真是时代不同了，想想我那时候想当个少先队员是多么艰难，也是我太淘气了，只好逼得妈妈当了回组织。

新学校的同学大多是四季青、玉渊潭公社农民的孩子。他们看我新鲜，我看他们也新鲜。我稀里糊涂地成了这所学校学习最好的学生。

家中无杂事

第七章

1979年 歌剧《忆娘》剧照

两获创作一等奖

那时候，整个社会在经过十年文化沙漠后，又开始现出勃勃生机，同时也在越来越深入地反思"文化大革命"，同时还涌出很多这方面题材的电影、戏剧作品。

爸爸和王剑兵合作创作的歌剧《忆娘》（开始叫《华侨姑娘》），是歌剧舞台上最早表现华侨生活的剧目，由作曲家羊鸣、朱正本谱曲，但在修改排练成熟后，并没有及时公演。因为当时还没有全面否定"文化大革命"，这部戏也就错过了最佳的面世机会。但剧中还是有不少好听的歌曲：

小小船儿摆呀摆，

小鸟儿归巢来，

飞过山呀越过海，

女儿回娘怀……

这首歌当时听起来透着一股清新，还有，爸爸也算是吸取"教训"，一开始就写了该剧的主题歌：

明月照故乡，皎皎万里霜。
琴声儿悠扬，心潮儿激荡。
啊，祖国，我的故乡，
银纱朦胧，花树芬芳，
想念你，祖国，我的亲娘。

1979年，歌剧《忆娘》剧照

在1979年，新中国30周年大庆之际，爸爸创作的京剧《红灯照》和由爸爸和剑兵编剧的歌剧《忆娘》双双获得文化部颁发的创作一等奖。

快快，来看飞碟

老妈老爸20世纪90年代合影

20世纪70年代末的中国大地，就如同一片刚经历过一场大火的山林，虽满目苍凉，但一场新雨过后，处处都孕育着生机。整个社会，也因1978年恢复高考而变得学习气氛浓烈起来，大家开始重视学习，重视科技。家长们开始有了新的期盼，盼望孩子们考入好的中学，进而争取能成为人人羡慕的大学生。

说起来可能没人相信，从我上小学到大学毕业，爸爸从来没看过一次我的作业，没给我开过一次家长会，甚至没认真问过我的考试成绩。不过他好像对我的学习蛮有把握的。

记得有一年，因我误了课，妈妈找来一位化学老师给我补课，来了一次后，我就跟老师说，不用来了。过了几天妈妈碰见那位老师，问她怎么不来了，老师说你儿子说的不用来了。妈妈回家，气呼呼地说我不听话，爸爸在一旁插嘴说："这孩子聪明，你别瞎操心。他说不用，肯定是他会了。"爸爸就是这样，他要是觉得你行的，就绝不再多问。

要说爸爸从未关心过我的学业，那也是冤枉他。他唯一建议或说指导过我的就是让我学唐诗。那年的暑假，爸爸给了我一本刘逸生先生编著的《唐诗小札》，说："坏小子，你要把这本诗背熟了，任何古诗词、古文，你就都不怕了。"

"是吗？"我斜眼看着从小就老糊弄我的爸爸。

"我就全会背。"爸爸加了一句。

于是那个月，我真背了那册子里的50首唐诗，直到现在都还记得。我平时不是很喜欢问问题的，但听爸爸讲解古诗，的确还是很有趣味。曾有个向爸爸请教古诗的学生说："阎老师，听您讲唐诗，就像您是刚从那个朝代回来似的。"

有一次我正在背韦应物的《滁州西涧》，念着其中两句"春潮带雨晚来急，野渡无人舟自横"。爸爸正巧路过，就顺便讲了个典故，说：

有一年考秀才，考题就是以这句为题，画一幅画。考生们于是大致都画出：青山两岸，山涧溪流，小舟横于溪上之类的。但有一秀才，比别人多画了一只鸟，停落船头，此属画龙点睛。是啊，没有人，鸟才敢落在船头啊。

爸爸讲的这幅画给我印象很深，在这之后，每当念起这句诗，脑子里自然就浮现出这幅画；有时候见到溪流泛舟，又会想起这句诗来。

在我背白居易的《长恨歌》时，对其中一句"温泉水滑洗凝脂"中的"凝脂"不解，老爸比画着说："那就是讲皮肤嫩嫩的。莫泊桑写的《羊脂球》知道吧？还有就像你妈妈做的'炸羊尾'，用豆沙裹着鸡蛋清在锅里刚炸出来时，焦焦的、嫩嫩的，又白，形容杨贵妃的皮肤就是这样。"

看着爸爸馋馋的，好像要吃什么的样子，我先装着说懂了。

一次去看电影，我和爸爸先到了，在门口等妈妈。一会儿，妈妈远远地走过来。妈妈本就是个美人，身材又一直保持得基本苗条，再经过稍稍打扮了一番，卷卷头发，穿一件入时的皮大衣，爸爸看着，不由地说："你妈还是很好看啊！"

"噢？"我挺新鲜的看着爸爸，他很少这么露骨啊。

爸爸转过身，以过来人的姿态说："小子，好好念书，书念好了，钱啊、漂亮女人啊，什么都有了。你看我。"

"噢！原来是这样。"

爸爸总是会这样不失时机地鼓励我学习，真有一套！当然还有一次比较正规的。

有一天晚上，妈妈、姐姐和我，在家里懒懒地待着，爸爸从外面回来，很焦急的样子："快快，来看飞碟。"

"啊？真的？"我们仨站起来，都跟着他往外跑。那时候，满社会都在议论飞碟的事儿，出门时，我还顺手把门口的红缨枪抄在手里，以备不时之需。等我们拐过锅炉房，走到篮球场旁边，爸爸用手一指，不远处，一个小伙子正坐在路灯下看书。

爸爸说："好好学学！我就是让你们看看，人家是怎么用功的。"

"嗨！讨厌。"我和姐姐大声地抗议着。

妈妈也被他逗乐了："真讨厌！"

帮儿子得了个作文竞赛奖

那年北京市搞了个全市中小学生读后感作文竞赛，学校安排我投稿参赛，我正好刚看完当时作为中国青少年必读的《钢铁是怎样炼成的》一书，就想以此为题。

那段时间，爸爸在外地出差，我就给他写信告知此事，并问他对这本书有什么感想。爸爸很快回了信，在信中把他以前读此书的感受，一、二、三地写给我。我一看，太好了！按他信里的大意，简单地进行了些加加减减，就投了稿。

比赛结果，我得了三等奖，是当时年纪最小的获奖者。在颁奖仪式上，得了个塑料铅笔盒的奖品，我高高兴兴地拿回家。爸爸开玩笑说，这里也有他的功劳，他也该去领奖，我说："你要是去了，就成了岁数最大的了。而且才得个三等奖，还文学家呢。"

老爸无语了。

后来爸爸又帮过我一次，那是阿富汗"抗苏"战争时，"第三世界"的人民都在关注着阿富汗人民的苦难，广播里每天都会有这方面的消息：什么哪个村庄又被炸了，什么游击队当天又缴获了敌人两颗手榴弹啦，等等。

所以市教育局组织学生搞了一个"把爱心送给阿富汗儿童"的诗歌大赛，我又参加了。左思右想的，写了个《快来救救索尔旦》。索尔旦是个阿

富汗小孩儿，是爸爸给起的名字，我怀疑地问："这名字行吗？"

爸爸说："阿富汗十分之一的小孩儿都叫这名字。"

他还帮着改了几句诗，我满怀希望地把稿投上去了，可一直就没有音信了，没得奖。

爸爸在帮我改诗的当口，顺应潮流，也写了个关于阿富汗游击队抗击侵略者的独幕歌剧《贾拉拉巴德之夜》。现在看看这名字都觉得怪怪的，里边的唱词也有点儿怪，我记得其中　段：

> 静悄悄耐心等待，
> 看鱼儿钩住了鳃；
> 一般欣喜一般笑，
> 谁是痴来谁是呆？

什么事情不能做

　　我们一家四口在定慧寺院一住就是3年。说起来一家四口，但真正全家人住在一起的时间并不多。最早时，我们是两地分居，后来我上幼儿园，爸爸也是一周才回家一次，出差时更不见人了。再以后我和爸爸住，妈妈和姐姐住，算是兵分两路，也是周末才团聚。到定慧寺以后呢，姐姐又上了中学，住校了。

　　在定慧寺，我们住的一直都是平房。住平房有两个不方便，一是屋内没有洗手间，上厕所要到院子西头的公厕。二是室内没暖气，要自家点炉子，烧蜂窝煤取暖。烧炉子倒是也有好处，一是使用时间可根据冷暖自己安排，再一个就是我们小孩儿可以随时在炉子上烤白薯、土豆之类的，吃着玩儿。

　　有时晚饭后，爸爸带着我在院里溜达会儿。路过食堂，我看见一大堆土豆堆在外面，就跑过去捡起个个大的，说："我拿回家烤土豆吃。"

　　看爸爸也不表示反对，于是把它放进兜里准备再拿几个，爸爸一见赶紧说："哎，别拿了，拿一个就行了，再拿就是偷了。"

　　爸爸对我总是这样，不是非常严格，但也足以让我明白，什么事不能做，更不能过分。

　　在冬天睡觉前，爸爸都会提前在被子里给我放个暖水袋。等我钻进被窝后，他再用军大衣，衣领朝下，盖在我的腿上，再把两个大衣袖子，左右一

搂，塞在被子下，就像抱住我的腿脚一样，一下子就非常暖和了。爸爸常说："脚暖了，全身就都暖了。"那时我就想，爸爸真好。

爸爸妈妈一直都喜欢养花，说这是热爱生活，有时为了让花有足够的营养，他们会把刚打破的鸡蛋壳倒竖在花盆里，等着残余的鸡蛋清流进土里。后来爸爸觉得仅这样仍嫌营养不足，也不知他从哪儿学的，到附近公社养马的农民家里弄回些废弃的"马掌"，泡在水里，再用那水浇花，别提有多臭了。我们被熏得实在是受不了，他只好把花都搬到屋外去了。

那些年，团里有个管烧开水的老大爷，姓范，大家都叫他"老范儿"。他每个月都会来我家，让妈妈帮他念信及写回信。开始，我还以为他是妈妈家的亲戚，后来才知道不是，妈妈对别人都可热心了。

有的同学特羡慕我，说："你妈可真好，一看就是标准的贤妻良母。"我听了直觉得有苦说不出。我妈对谁都好，就是对她老公和儿子比较凶。

一次跟妈妈看电影《早春二月》，其中有个片段，是孙道临同志出演的教师，帮助邻村寡妇的女儿上学。回来路上那位教师特兴奋，蹦蹦跳跳地。我问妈妈："他干嘛那么高兴啊？"

妈妈说："人在做了好事之后就会高兴。"

这句话对我印象很深，也影响很大。直到现在，我都会在可能的情况下，尽量地帮助别人。的确会使自己开心，很有成就感。

虽然知道要干好事，但小时候也忍不住要干很多坏事。那时候我们最爱玩儿的一个游戏，就是"扔自行车铃盖"。

一般都是在晚上，我和几个"坏"孩子，悄悄地把别人家的自行车铃盖拧下来，走到院外大马路上，那个时候到了晚上八九点钟，路上几乎就没人了，车就更没有了。空旷的马路上，只有点点路灯闪烁着微光。我们就把铃盖凸的一面朝下，顺着马路伸展的方向，使劲儿贴着地扔出去。铃盖"飕"的窜出去，顺着马路一路"叮叮叮……"地响下去。听着响声，我们警戒地看着周围，看有没有大人发现，随时准备着逃跑，等几个铃盖都扔完了，我们再一路小跑着回院里，找个阴暗处哈哈笑个不停。可能因为老丢铃盖的缘故，有一阵子，我们院里的人，在锁好车后，都自己把铃盖拧下来，带回家了。

让儿子帮忙打苍蝇

我们家是院里最早买冰箱、彩电的。那时候在夏天，人们把黄瓜、西红柿都当水果吃。有了冰箱后，冰镇过的西红柿就更好吃了。那时候，院里很多单身汉，经常把西瓜、西红柿放到我们家冰箱里。冰一下，再拿走吃。

看电视就更热闹了。有段日子，一吃完晚饭，我们家就聚集一二十人，都是自己带着小板凳来看彩色电视的。一直看到没节目了，大伙儿才散去，好在那会儿电视节目挺早就结束了。

虽说"四人帮"垮台几年了，但社会上仍有各种各样"形式主义"的小活动。就说当时搞的"爱国卫生运动"，春天时，学校要求每个学生要挖蛹，还规定要交150只。这对于我这个城里长大的孩子，实在是太难了。后来幸亏在上学路过的一个猪圈旁，发现了一只全身爬满蛆的小死猪，我如获至宝，立刻建议放把火，烧死蛆，结果连猪肉都快熟了，好在也算完成了任务。

到了夏天，又要交苍蝇，连爸爸单位也要求他们每人交100只苍蝇，党员还要带头。爸爸回家和我商量，让我帮他打苍蝇。我没同意，惹得他挺不高兴，说：

"别人的儿子都帮爸爸打苍蝇，我这个儿子算是白生了。"

其实，我也挺想帮他忙的，可因为我实在是讨厌劳动。小时候总以劳动为耻，所以才没同意。

　　以前的家长们都想从小就培养孩子们的劳动意识，但往往不得其法。我爸爸、妈妈还算不太强迫我们要参加劳动，尤其妈妈，总是自己不停地做这、做那的，所以养成我和姐姐都很懒，几乎什么家务活儿也不会。

　　其实在孩子自己心里，一般都是有数的。就拿我来说，当时家里有个小工作——搬煤：就是冬天家里烧炉子时，把放在门外小车棚里的蜂窝煤，每天搬几块进屋。有时爸爸叫我搬，我就不乐意干，不是装着看书，就是跑掉。可要是家里大人不在，小院里又没人看见时，我却会主动地搬它十几、二十块的，弄得妈妈回家看见，吃惊不小，这就是孩子心里头怪的地方。

对钱的事不管也不问

爸爸在钱的问题上，一贯是漠不关心的。和妈妈结婚后，他连工资也都是妈妈代领了，除了按月给奶奶寄钱外，爸爸从不管也不问钱的事。家里要买什么，每月要花多少钱，他从不操心；家里有多少存款他也一概不知；爸爸身上往往是一个"大子儿"没有，但他倒也乐得逍遥自在。

爸爸看得太透彻了，有他自己的理论，这不仅是他不爱管俗物，也是认为：女人在外面，本就没什么大事可做，让她多管家，她就会有些成就感；把家里的一切钱、物统统交给她，这样她才会觉得充实、安心，女人才有安全感。

我不知道爸爸出差时，妈妈会给他多少钱，估计也多不了，但每次，爸爸都会用不可能多的零花钱，给我和姐姐买些衣服、玩意儿。我印象最深的，是在我刚喜欢上踢球时，他从上海给我买回的两件印着足球的背心，我可开心了。

爸爸出差从没有给妈妈买过衣服，不是不想买，是被妈妈禁止了，说信不过爸爸的审美眼光。爸爸也乐得轻松，而且身边还有个前车之鉴：团里有个同事，一次去外地出差，看上了两条围巾，于是买下给老婆寄回，不想他老婆看着那蹩脚的花型、式样，大为不满，回信骂道："你买的东西，只能说明，你是个地地道道的土乡巴佬！没进过城！"

这句话一时在空政传为"美谈"。有了此等教训，爸爸就更不敢给妈妈买东西了。

爸爸有时在钱上的糊涂真让人吃惊。虽然他大多数时间兜里没钱，但如有钱时，还是很容易骗到手。以前我们俩人住在京剧团时，他就总被我糊弄得两手空空。但我平生挣的第一笔钱，也被他很容易地拿走了。

那天我在院里闲逛，一个同学跑来说，他有几块废铁要卖，一个人拿不动，问我能不能帮他拎过去。我正好没事儿，又觉得挺新鲜，就答应去了。

我们两个小孩儿，每个人手里拎着几根破铜烂铁，走到废品收购站，称完重量，"六斤二两！八毛钱！"那柜上的师傅喊道，随即给了我同学八毛钱。同学挺仗义，顺手塞给了我四毛钱，两张二角的新票。

这是我第一次靠劳动挣到钱。我兴奋地跑回家，把钱拿到爸爸面前，说："刚才我挣了四毛钱呢！"

爸爸也不问问是怎么回事，竟顺手把钱接过去，揣进了自己的口袋，边说着："嗯！挺好，家里正缺钱呢。"就走了。

"嗨！"等我反应过来，他已经走远了，这叫什么事啊！

写书可真不容易

那时候，北京的夏天很热，热得让人中午全没了胃口，吃不下东西。妈妈每天是一早去上班，傍晚才回来。中午饭就我和爸爸，一般是在食堂吃，可那阵子太热了，一进食堂，看着那些大锅菜，还没吃呢，就出一身的汗。我闹着不肯去吃，爸爸没辙了，开始当起厨师来。他先去食堂买"个把"菜回来，然后从冰箱里拿出些西红柿、黄瓜等凑成一盘，再来杯家里自制的冰水，有时还会买上个雪糕，再加上个妈妈事先煮好的茶叶蛋。就这样，也糊弄着我吃了一个月的暑天饭。

那时爸爸很赞成我看课外书，五花八门的，什么都有，他会从单位的图书馆给我借回来。记得有一本少年读物，是小说，叫《水晶洞》。是爸爸的一个朋友写的，先出了上集，当时在电台里，还有过这小说的连播，我挺喜欢看的。可看完了上集，爸爸怎么也找不来下集了，我又想得要命，最后让爸爸给他朋友写信，想要一本下集，那位作家叔叔回信说，下集还没写完呢。

等过了几年，我又想起这事，又让爸爸问，回信说，还没写完呢。直到现在我还是没能看到下集。爸爸说，可能还没写完呢！这都二十多年了，写书可真难啊！

转眼到了1980年，爸爸他们又开始复排《刘四姐》，是要下部队演出，战士们最喜欢看这种热闹打斗的戏，我偶尔也会泡在排练厅里，看看排练。

　　有次正好遇到爸爸也来了，他给一个演员说戏，说着说着，竟突然做了一个难度不小的"前趴虎"，原来他是在给那位演员示范，如何被女游击队长踢个"狗吃屎"。没想到爸爸身手还真不赖，没准是他小时候喜欢演京戏时打的基础，也可能是他在京剧团工作时，又偷学了招数了。

"大锅饭"没有什么不好

1980年我迎来了人生第一次重要的考试，要考中学了。妈妈开始着急了，尤其看见我还跟没事儿人似的整天乱跑，就更急了。在临考的前一晚，妈妈坚决不允许我出去玩儿，一定要在家里看书。我耐着性子看了会儿书，就坐不住了。于是假借要上厕所，跑出来。

初夏的夜色显得亮亮的，那时候北京还没有什么污染，夜空里透着深蓝色，头顶上，有几只蝙蝠飞来飞去，我一见就高兴了，但我知道妈妈肯定也跟出来，站在门口盯着我呢。我装着自然地往西走，厕所就在西边院墙的拐角上，当我一拐过去，离开了妈妈的视线，立刻脱下一只鞋，向半空扔去：这是常用的抓蝙蝠的方法，蝙蝠一般都是追着黑东西飞。碰好了，它就会飞到鞋里被抓住。

一次、两次，都没成功，我使劲儿再一扔，鞋越过头顶，飞上房了。"糟糕！"不能光着脚回家啊！我只好摸着黑，从一间自盖的小厨房爬上，再翻上屋顶。一不小心，踩碎了几块瓦，在屋下乘凉的杨叔叔，一看我大晚上的爬上房，冲着我大喊："小宇子，你怎么又上房去了？还在晚上！"

"我上来找鞋，您小点儿声！"我尽量压低声音回答。

"鞋怎么能上房呢？"

"它走着走着，就走上来了。"

这杨叔叔真不够意思，立即冲着我家的方向嚷道："李文辉，你快来看看，你儿子能把鞋走到房顶上去了！"

这下不光我妈过来了，连其他屋里的叔叔阿姨听见，也都笑着出来看，我又挨了妈妈一顿"好"骂。

在妈妈的担心中，我考了全校第一，考取了北京重点中学师院附中。妈妈吃惊不小，可也高兴得不得了。爸爸却觉得很正常，而且也没什么大不了的。

我刚进中学时，觉得最大的不同就是中午不用回家吃饭了，可以有更多的时间在外面玩儿，但这中午饭也给我带来了烦恼。那时候中午，除了个别离家很近的，大多数同学都是在学校食堂吃大锅饭。当然条件有限，以素菜为主，没什么肉，而且食堂里没椅子，都是围着桌子站着吃，不过学生们也都能顺其自然。

可我妈又着急了，她觉得学校的伙食太差了，没营养。于是乎，我这位慈母每天中午给我带来一小饭盒，或鸡肉或猪肉，或排骨或炸鱼，外加一个卤鸡蛋，说是补充营养。这下可把我愁坏了，别人都没有，就我有，太特殊了。

同学们看我的眼光都有些怪怪的，那段时间真让我尴尬。我跟妈妈提了好几次反对意见，也没有用，只好跟爸爸再三陈述道理。爸爸本身就觉得大锅饭没什么不好，就和妈妈商量了几次，妈妈才终于不再送菜了。

家务活儿什么忙都帮不上

上中学没多久，我们家又搬家了。地球真是圆的，不由得我们不转圈，这回我们竟然是搬到我小时候上幼儿园的那个院子。幼儿园改名后搬走了，我又回来了。

说起我们家的家务活儿，那可是里里外外妈妈一个人顶着。爸爸向来怕麻烦，小事嘛，肯定是向来不管，像搬家这等大事，爸爸也是不管不问的。妈妈虽然平时脾气大了点儿，但遇到干活儿这类事，还是很体谅爸爸，都是妈妈自己安排，找好人和车帮着搬家。搬完后也是妈妈自己一个人慢慢收拾整理，再累，也不用爸爸多操心，不去烦他。而且忙乱的这些天，她还会让爸爸找个清静的地方先住着，等收拾利落了，才叫他回来。

妈妈的理由是，爸爸不仅耐不得一点儿乱，而且就算在旁边也是什么忙都帮不上。不仅如此，他要是在旁边，还有可能说三道四的，埋怨这里，唠叨那里的，搅和得你活儿也干不好，更难受，还不如不让他回来呢，落得清静。

平时的家务，爸爸几乎从不插手，只是偶尔会洗个碗，长这么大我从来没有见过爸爸扫地、拖地、擦玻璃，做饭就更甭提了。不过他倒还真做过一回。

忘了是哪年了，可能还没我呢，也不知是为什么，他突然间来了积极性，在妈妈下班回来之前，自己和面、擀皮、弄好馅，包了几十个饺子。妈妈回来甚是惊奇，爸爸更是一副劳苦功高的样子。吃饭了，妈妈不停地说：

爸爸在节目开始前对稿

"不容易，不容易。"

等过了一星期后，妈妈实在忍不住了和爸爸说："阎肃啊，你以后还是不用那么积极了，说真的，你包的饺子实在太难吃了，我一直不好意思跟你说。"

哈哈，爸爸大为泄气，所以说，就算再聪明的人，也有智商限高的地方。

有时就我们爷俩吃饭时，他会把剩菜或几小碟咸菜、熟食拿出来充数。每一小碟他都称之为一道大菜。我们俩一样，一直都是非常怕点煤气及后来的天然气，宁可吃凉的，也不敢开火去热。

爸爸这辈子可能就去过一次菜市场。那是有一天，妈妈做着饭，突然发现葱没了，就让爸爸去买两根葱回来。爸爸倒是乐呵呵的，上菜市场转了一圈儿，真就只买了两根葱回来，不多不少，弄得妈妈哭笑不得，也不知人家卖葱的怎么笑话他呢。

但是爸爸一直很爱整齐，这是他在部队上多年养成的好习惯，尤其是他自己的东西，都摆得井井有条。爸爸还非常爱惜东西。他兜里有一串挺沉的钥匙，上面除了钥匙，还有一把折叠的小剪刀和小指甲剪。从我记事起，爸爸就用它们了，我也借用过好多次。直到现在，爸爸还依然用着，几十年了，竟然也不生锈，而且还是那么好用。真神了！

爸爸习惯把自己的东西都放在固定的位置上。要是谁用了他的东西，他准能发现，为这，妈妈老笑话他，说他太"农民"了，光顾着自己那"一亩三分地"。

省烟，费火，酒量深

我们家最多的东西当数稿纸和笔，从没有用完的时候，而且种类很多，这让我的同学们都很羡慕。后来烟酒也多了起来，大多数是朋友送给爸爸的。爸爸能抽能喝的，大概也是名声在外。

有一段时间，社会上开始大谈尼古丁的危害，妈妈就不失时机地开始控制起爸爸的抽烟来，每天只允许他抽七根烟，这下爸爸可惨了。"山人自有妙计"的爸爸就把一根烟分三四次抽，烟瘾来了，就点上抽几口，随即就掐灭；瘾再来时，再点，再抽。这倒是省了烟了，可就费了火了。

爸爸能喝酒但从来不醉，这点真好，不像有些人在外喝多了，回家又吐又闹的。如果我爸要那样，他肯定进不了屋了。

我就认识那么一位，他每次一喝多了，回家肯定把沙发当厕所，对着沙发小便，弄得他们家现在只敢用木制的大椅子，冬天也不加座套。我看他老婆也快要把他换成木头的了。

爸爸给我讲过，朝鲜战争结束的时候，朝鲜人民军、志愿军在一起狂欢，庆祝胜利。所有的人都尽情地唱啊、跳啊，大家暂时忘却了战争带来的痛苦与仇怨，全身心地庆贺和平的到来。两个友军交融在一起，载歌载舞，饮酒欢庆。

欢宴中，有些朝鲜军官太兴奋了，也许是朝鲜民族本身就比较豪放，总

拉着志愿军文工团的女同志灌酒。志愿军这边的领导一看，觉得不行啊，到时候别闹得不好收场啊，于是下令，把能喝酒的小伙子调几个来挡挡酒。爸爸随即上了酒桌，展露了一下喝酒的天赋。什么朝鲜当地的高粱酒、人参酒，再加上从祖国送去的汾酒、曲酒、茅台，全混了，喝乱了。

在我印象里，爸爸从没喝醉过。到现在仍能喝个八两一斤的，只是由于年纪大了，怕酒会伤肝，白酒也就喝得少了。现在平时在家高兴了，就大多喝点红酒，他把红酒叫"糖水"。爸爸要喝两口时，总会邀请我一下。从我小时候，他就不反对我喝酒，就差没拿筷子蘸酒往我嘴里送了。只是我太不争气，喝酒的基因没有遗传到位。

据爸爸说，在朝鲜狂欢时，大概得喝了两三斤，那也没醉。

估计是爸爸出于对酒的热爱，混着历史写过一首 《酒韵悠悠》：

细想想酒文化渊源长久/冠古今论掌故酒韵悠悠/长伴河山抒锦绣/豪放柔婉各千秋。

秦皇汉武大宴群臣醉舞长袖/魏晋三国竹林七贤名士多风流/关云长温酒斩华雄/张翼德摔杯鞭督邮/曹孟德青梅煮酒，吓得刘备浑身抖/小周郎怒打黄盖，孔明含笑饮不休/宋太祖杯酒释兵权江山握在手/吕洞宾巧戏白牡丹三醉岳阳楼。

虞美人霸王帐中舞/杨贵妃醉酒更娇柔/小貂蝉筵前迷吕布/白娘子贪杯在杭州。

诗仙李白斗酒百篇一挥而就/陶渊明他赏菊东篱悠然无所求/李清照醉吟黄花瘦/辛弃疾笑傲万户侯/苏东坡青天把酒，问道明月几时有/写醉翁意不在酒，一笔描出欧阳修。

渭城曲三叠出阳关春风折杨柳/陆放翁铁马冰河梦一醉解千愁。

武二郎三碗不过岗/宋公明醉写浔阳楼/孙悟空盗酒蟠桃宴/黑李逵发威闹江州。

离合聚散一杯酒/南北东西万里鸥/喜逢知己千杯少/盎然一笑泯恩仇。

……

174

花生塞进枣里一起吃的味道

在我上初一下半学期时，难得遇到妈妈也出差了几天。这天下午，我踢完球回家，觉得头疼就躺下了，到了晚上还不见好。爸爸拿来体温计一量，39度6，发烧了。爸爸赶快给我找了些退烧药吃，早早睡了。我第二天贪睡，也没上学，到了中午，感觉好了，下午又跑去踢球，爸爸也没制止。等到晚上回来，又发烧39度6，爸爸埋怨我，肯定是出汗时又吹着风了。只得又吃药，休息一晚上，到白天又好了。我就再跑出去踢球，到晚上回家时，头痛欲裂，直烧到39度8。

这晚，妈妈也出差回来了，一听整个经过，大声斥责爸爸："他发高烧，你怎么还能让他去踢球呢！"

爸爸无辜地说："他说他全好了，我才让去的。"

"他说全好了？你是干什么吃的啊？"妈妈看着我总不退烧，越觉得严重，就直接叫车把我送进空军总院。到医院，打针后也不见退烧，妈妈怕我被烧傻了，赶紧用冰袋敷在我头上。后来，我的烧慢慢退了，可妈妈不放心就让我住院检查。这一住就是一个月，检查来检查去也没发现什么问题，倒是意外地发现我的血小板很少。

我住院时，妈妈天天来看我，并带来好吃的。她本身又懂医，会和医生探讨我的病因检查得如何。每天看到妈妈来，我就觉得特踏实，别人都说：

"真是母子情深啊！"但也有不好，就是我在医院有时淘气捣乱的事，医生也跟妈妈告了状。我把医生柜子里的病历都悄悄拿出来给病人看，放回去时又都放乱了，让医生、护士都手忙脚乱了一阵。妈妈知道后，看我穿着病号服，心一软，也没骂我。

爸爸就来看过我一次。那天正巧是晚饭时间，我在楼道里领饭菜，一个对我很好的护士从她们的小食堂帮我端来两盘菜，又要忙着装稀饭，正发愁不好拿呢，爸爸正好走过来，说："我帮你拿吧。"

护士一愣，说了声"谢谢"，就把盘子递给了爸爸。爸爸跟着我和护士往病房走，走到门口时，护士跟我说："后面这人怎么这么好啊？帮咱们拿东西。"我说："他是我爸爸。"护士笑了："我说呢。"又回头不好意思地看了看我爸。爸爸也不知道我们嘀咕些什么，傻乎乎地跟着进了病房，坐那儿边看我吃饭，边问我："怎么样了，坏小子，还不出院啊。"

"我妈还没同意出院呢。"

"你们这儿伙食还真不错。"

"这是护士姐姐今天从小食堂多给拿的。"

"噢！对你不错啊，你妈不是每天都给你带好吃的吗？"

"快别提了，她每天逼着我吃20个红枣和生花生，说是补血。难吃死了。"

"这你就外行了吧，"爸爸煞有介事地把椅子往前挪了挪，接着说，"你先把枣掰开，把核拿掉，把花生塞进去，和枣一起吃，那就变成核桃味了，可香了！"

"真的？我试试。"我当即试了一个，还真是核桃味。

爸爸得意起来，说："这你都不懂啊，我给你讲个故事吧。"爸爸绘声绘色讲了起来：

"从前有个老头儿，一辈子爱吃，临死前躺在床上，儿女们都来了，该交待的也都交待完了，家人问他还有什么重要的事要吩咐。老头儿对大儿子小声说，告诉你个秘密，千万别告诉外人：豆腐干和花生米一起吃，是牛肉味。"

"哈哈哈，这怎么可能呢？"我被逗得大笑起来，饭粒喷了一身，连邻床的病人也都笑个不停。

敢问路在何方

上个世纪80年代初期，随着电视剧《西游记》的热播，爸爸作词的该剧主题歌《敢问路在何方》也随之飘进千家万户。

> 你挑着担，我牵着马，
> 迎来日出，送走晚霞；
> 踏平坎坷成大道，
> 斗罢艰险又出发。
> 啊，一番番春秋冬夏，
> 一场场辛酸苦辣；
> 敢问路在何方，路在脚下。

这首家喻户晓的歌，还应该算是妈妈找爸爸走的"后门"。

当时《西游记》的导演对原来的主题歌不满意，就由该剧的音乐编辑托我妈请爸爸"速成"一首。爸爸当时正忙着呢，可妈妈应的事儿再忙也得管啊，于是就答应了。

看过样片后，"你挑着担，我牵着马，迎来日出送走晚霞，风云雷电任叱咤，一路豪歌向天涯……"优美的歌词瞬间涌出。大家都觉得不错，可爸

爸却不满意。

爸爸后来告诉我，当时为想出那句"点睛"之词，逼得他满屋子转，也是凑巧将地毯踩出条白印来。猛然记起鲁迅"地上本来没有路，走的人多了，也便成了路"的名句，一下子就想出了"敢问路在何方，路在脚下"这句词。

这事虽然说得有些夸张，但也的确反映了爸爸在创作中精益求精的态度。这首歌应该是爸爸创作的第一首广为流传的通俗歌曲，也可以说是爸爸一贯以来的人生态度的写照。

这是一首勇敢的歌、豪迈的歌、有力量的歌。没有人会不喜欢那种顶天立地、堂堂正正的气势。歌要"大气"，如同做人要"大度"，这是无论做人还是做文，都要立得住不可或缺的要素。我们需要大气，赞赏力量。

老爸一生勤奋努力，不敢稍有松懈。同时也认定一个道理：一个人想要成功，要想做得比别人好，就得下功夫，靠自己努力，没别的窍门。他不止一次地对我说："你要是把咱家柜子里的书全看了，你肯定学问大长。"

现在社会上可能是受快餐文化的影响，很多人急功近利，想走捷径。很多年轻人崇拜明星，崇拜名人，却只看到成功人士如何风光，如何"派头"，但他们并没有细想过，每个成功者背后付出的艰辛努力。

诚然，目前社会上，由于快餐文化的翻版和延伸，确有一些仅靠脸蛋或某种裙带关系，而一夜走红的。这在某种程度上，也助长了走捷径的风气。毛主席有句诗词"风物长宜放眼量"，看事物的发展应该多看两步。爸爸就说："凭脸蛋就算一夜出名了，如果自己不努力，一样很快就成一现昙花。"

"敢问路在何方，路在脚下。"这句话好像就在每个人的嘴边，再简单不过了。可这就是真理。

爸爸说：美妙的音乐是内心流淌出来的。

作家苏叔阳评价说："阎肃弄出来的歌词，大白话的居多，但他的大白话里满是学问，俗中见雅，耐人寻味。既不是白开水，又不装腔作势，是一首一首的诗。"

爸爸的歌词是雅乐，是正乐，符合人心向真、向上、向善、向美的本性。他写的歌词贴近生活、充满真诚，丝毫没有哗众取宠的味道，这也是他深受人们喜欢的原因之一。

爸爸的歌亲和力强，是因为他的作品中透出了百姓的情。他心中装着各种各样的人，他熟悉不同的生活，能用心体味人们的喜怒哀乐。他每次见到院里的电工、水工、清洁工、园艺工都主动打招呼，关系处得很融洽。

是生活让他的艺术之树常青。

老爸这是给谁指方向呢？

爸爸一生恪守的是老百姓的理儿，是普通人的价值标准，是那些我们自觉做到并真心实意地教导自己子女的行为规范。比如，做人本分，待人热情，工作勤奋，珍惜缘分。

他常说："做人其实也简单，就是把分内之事做好就行了。我这个人一辈子只会做事，什么事都认认真真的。做不好自己良心上过不去，就这个脾气。"正是有了这样的心，爸爸写的歌唱出来才让人觉得格外地亲：

　　　　　　　"春天的槐花儿秋天的枣儿

　　　　　　　满院子噗噜噗噜直掉榆树钱儿……

　　　　　　　你包饺子我拌馅儿

　　　　　　　他唱戏来你拉弦儿……

　　　　　　　老街坊又不是一两天儿。"

大年三十之夜

随着社会经济的复苏，中国家庭的经济条件也开始略有好转，市场上的供应也开始丰富起来。那时候的春节是最让人开心难忘的。

到了快过年时，爸爸妈妈单位里都会发很多东西，有鸡，有鱼，还有成箱的水果。爸爸团里发得更多，还会发整袋的大米、白面。一般是在下午，爸爸会叫我到食堂帮着扛米回家，发的米都是50斤一袋的东北大米。往往等我到了食堂，刚要搬，爸爸在一旁说："你先帮赵奶奶把米扛回去吧。"

等我辛辛苦苦地回来，爸爸又指着一位阿姨努努嘴，我只好又得当回雷锋。有时候帮来帮去，忙活儿一下午。爸爸说，给我点儿机会做好事，是可以遮盖一些我平时干的坏事。

到了除夕夜，我们家会来很多人一起吃晚饭，都是大院里爸爸妈妈的同事和朋友。家里的桌椅肯定不够用，连盘子、碗、筷子都要从邻居家或食堂借来。家里的几个房间都摆满了桌子、椅子，大大小小的，挤得满满当当。

来的客人中，有的会带上一两个拿手菜，图个热闹。大家热热闹闹的，相互间的感情是那么真挚，特别有过节的气氛。妈妈这时候最辛苦，要一直在厨房里忙活不停，这里不得不说说妈妈做菜的手艺。

妈妈是在结婚后才学会做菜的，据说是在厨房里，边对照着菜谱，边学会的炒菜。而且一上手，味道就奇佳。后又根据自己的心得，提炼出若干道拿手菜。

像我妈做的黄花鱼，让一位从来不吃鱼的人愣是改掉了习惯；做的红烧肉，选料精细，火候到位，酥而不腻；她做的炸羊尾、黄鱼羹等更是难得一

瞧，我爸看我的眼神！能不怀疑他"偷"牌么？

见的"绝活儿"。连最普通的鸡蛋羹、炒鸡蛋也做得高人一筹，真是很香。

在我印象里，妈妈在年三十那晚，能做出三四十个菜来，而且都非常好吃。酒足饭饱后，大家有聊天的，有看电视的，小孩儿们会跑出去放鞭炮，大人们会摆开战场打麻将。一直玩到12点，伴随着除夕的钟声，妈妈和几个帮忙的阿姨，会把一盘盘热腾腾的饺子端上来，就是不饿，吃起来也会觉得好香啊。

吃完饺子，大家陆陆续续回家了，也有年轻点儿的，继续在我们家玩通宵。这时我们一家四口也会凑上一桌麻将，代表输赢的，是爸爸攒了多年的一套筹码：爸爸发给每人一个"大元宝"，是铝制的，代表100元；又每人

20个铜币，每个代表1元；还有更小的铁片做最小的单位。规则全是爸爸顺嘴定的。

那时我和姐姐都把筹码视若珍宝，打得非常认真。妈妈和姐姐在牌桌上永远是比较笨的，爸爸有时会故意地放妈妈和姐姐"和"，以保持筹码的平衡。有一次，爸爸在沉寂多盘快要输光之时，突然"和"了一把大牌：

二万、三万、四万；五万、六万、七万；八万

二万、三万、四万；五万、六万、七万；八万

清一色"万子"，断"么九"，爸爸说这叫"双飘带"，二幅同形。我们都看呆了，还真没见过。爸爸不由分说，把我们面前所有的筹码，全"胡撸"到他那儿去了。

重新开战后，爸爸在一副牌上又相继开了东、南、西、北四个"杠"，最后"单吊"红中"和"了，我的天哪！我们又都惊呆了。爸爸说这副牌的名称叫"大四喜"，又把我们的筹码全没收了。

等第二天起床，我在厨房边吃东西边和妈感叹起昨晚老爸的那两副叹为观止的牌来。妈笑着说："也不知道他哪儿弄来的那些牌？反正他可'鬼'了。"

"啊！他捣鬼了？"我立刻觉得这解释倒更容易让人相信。

后来一直追问了爸爸好多年，他坚决不承认是捣鬼了。

每天去地铁站接老婆下班

那几年的春节真好玩。再以后，春节慢慢变得没那么有意思了，也没那么热闹了。手机短信再一出现，大家互相走动得就更少了。再有就是后来，爸爸也开始总在春节时加班了。

自从搬到永定路后，爸爸就开始在家里上班了，除非开会和出差，他都是在家里写东西，真应了"作家"两字。这下倒方便了他睡懒觉，爸爸一直都有睡懒觉的习惯。

记得我们小时候，他早晨就是醒了，也会赖在床上不起，一定得和我们说说闹闹一阵子才行。最可气的是常趁我们不注意，突然放一个很响的屁，我和姐姐常会一边叫着一边跑得远远的，他却还念念有词："响屁不臭，臭屁不响，夹屎屁又臭又响。"笑得我们人仰马翻的，惹得妈妈准骂他。

可能是总在家的缘故，有一阵子，爸爸突然好像"良心"发现了，或是想好好表现表现，在每天妈妈下班时，他都到地铁站去接妈妈。

他说："地铁站离家不太近，要走十多分钟，你妈妈每天要拎着好些菜回来，去接她呢，一则能帮她拿拿东西，省得她累；二则能一路陪她说说话，省得她闷。"记得他还真坚持了好久。

那天爸爸一看快到时间了，明知故问地问了我一句："你妈快下班了，是你接还是我接啊？"

上高中后，我干什么都"另类"，就连照相都"另"到一边去。

"当然是阎老亲自接了！那是你老婆，要增进感情嘛。"

"好，你就懒吧。"

我看一下表说："您也太早了吧。去那么早，傻等着？"

"这你就不懂了，我坐在马路边上，看看来来往往的人，也挺有意思。人们下班匆匆忙忙的，从衣着、眼神，从走路的姿势、快慢，就能猜得出他的职业。各式各样的人都有，这对我们搞创作是很有用的。"

"噢，真的？听着也挺好玩的，那我今儿也跟你一块儿去吧。"

我跟爸爸一路慢慢走着，爸爸问："你最近也不背诗了？"

"最近没工夫。"

"你就有工夫玩儿了。"

"也有时看的，刚才在读者文摘上，还看了首不错的诗呢。我给你念念，"

"风，谁见过风？

不是我也不是你，

枝头树叶飘动时，

便是一阵风吹起；

风，谁见过风？

不是你也不是我，

树木萧萧皆低头，

便是一阵风吹过。"

"哦，真不错，我一直不太喜欢新体诗，也影响了你，光背古诗了，其实有很多新体诗也挺好，像这首就不错。它写的，你能立刻引起共鸣，好诗、好文章中的句子，就是大家伙儿心里都有，而还没写出来的那种。"

"这是英国人写的。"

"噢，那更厉害了，让你背莎士比亚的十四行诗，你也不背，那写得多好啊！"

我一听老爸说这些就头痛，赶紧把话题岔开。因看时间还早，我们就进了地铁站旁的商场转转，走过首饰柜台，恰遇一对儿年轻人也在看。姑娘东看看、西看看，不时地问男友哪个好。

爸爸在我耳边小声说："你看见没有，女孩儿想买，但这小伙子恐怕是口袋里的钱不够，女孩问他好不好，他都不敢回答了。"

我小声问："为什么不敢回答啊？"

"如果说好，怕姑娘真要，他又没钱买，那这媳妇不就'泡汤'啦。要老是说不好，又怕人家姑娘生气，难哪！"

我悄眼一看，男青年这时越发紧张了，那女孩儿却没意识到，还兴致勃勃地打量着一条项链。一会儿，男青年开始出汗了，我和爸爸忍不住要笑，这时他们俩也注意到我们老看他们，都愣了一下。爸爸微微一笑，说："姑娘，买首饰不能着急呀，你等他好好工作，多攒些钱，今后给你买个最好的，那多好啊！"

小伙子听着爸爸的话，直感激得想鞠躬，那女青年也笑了。两人手挽着手，高兴地走了。

等妈妈一出站口，看见我们俩都在，觉得纳闷，问："怎么你们爷俩儿都来了？"

"你儿子说了，我不在家时，他就来接你。"爸爸这是又拍了马屁，又给我下了陷阱，我赶快说："我可没说啊。"

"你看你，接你妈又不是外人。"

妈妈说："得了，他少惹我生气，比什么都强。"妈从来都是保持着头脑清醒。

后来，我还真的接过妈妈几次，让别的阿姨直羡慕。

185

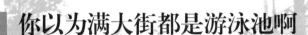

你以为满大街都是游泳池啊

几乎每个孩子在长大过程中，都会在某个阶段，在思想认识上和父母产生分歧。如不妥善解决，就很容易形成隔阂，这就是所谓的"代沟"，是两辈人不同的人生观、价值观所引起的。像我这样比较反叛的孩子更会如此。

我从上中学尤其是高中后，开始看不惯家长的很多做法，并对一切都不屑一顾。把天底下的事情看得那么容易，好像任何事都可以易如反掌，因而开始整天大话连篇，甚至说得连自己都信以为真。

可爸爸向来认为：只有拿到手里的才是真实的；而且他总是在没干成之前先想失败，先想退路，这和我日益膨胀的"能力"格格不入。

随着年龄的长大，男孩子都会和爸爸有了正常的男人之间的距离感，不再像小时候那么依赖了，反倒觉得老爸的那一套全是过时的了。

有个姐姐的男同学来家玩儿，竟说，他和他爸永远都是保持一致，他说的，他爸就赞成；他爸支持的，他就大声鼓掌。这番话遭到我和姐姐的一致嘲笑，这也是我和姐姐难得有看法一致的时候。

我对那男生说："你太落伍了，老头子们的想法肯定都是过时的。你要是赞成他们的想法，说明你也跟不上时代了！"那哥们儿被噎住了。

青年人总是要为年轻付出代价的。这代价是生活的组成部分，不可或缺的。父母说得再对，孩子们也会不以为然，依然按照自己的想法去做。其实家长们也没有必要遇到孩子们不听话，就大惊失色。要知道，我们每个人都是从年轻时走过来的。如果一个人完全按照父母、老师设计好的路线，一一照搬的话，那就不是人生了，那是电脑生产程序。

人生本来就是成长与走弯路并存，欢乐与烦恼并存。当时有一句歌词这样写道："痛苦是痛苦，欢乐是欢乐，无知青春悄悄过。"

那时也不知道为什么，好像突然之间，我和爸爸妈妈的分歧、争执，变得无处不在。像吃饭时的剩菜问题，估计城市中的家庭几乎都有。我那时一看见饭桌上的剩菜就说："爸，这菜你怎么还留着呢？都几天了？"

"昨天的，又没坏。"

"为什么留着？还不赶快倒了。老吃剩的干吗呀。"

"倒了？这粮食、蔬菜能随便扔吗？"

"怎么不能扔了，这又不值什么钱，如果吃出病来，吃药的钱都比这贵。"

"你不喜欢吃就别吃，我吃。你们哪，根本就不知道什么叫'粒粒皆辛苦'。"

当然不知道了，年轻的时候是体会不到长辈们爱惜东西的那份感情的。一定要等长大了，到了一定年龄以后，自己也开始不舍得浪费了，才能明白。但到那时，兴许自己的孩子也要看着我们不顺眼了。这就是人生。

姐姐与爸爸的矛盾主要集中在穿衣服上。有一阵儿，街上的女孩儿都兴穿超短裙或很短的短裤。姐姐总是赶着潮流，不知从哪儿买了一条超短牛仔裤。估计是想展示她那两条美腿吧。在家里镜子前试好了，扭啊扭的就想上街，爸爸看不过眼了，说："你上街就穿这个啊？"

"穿这个怎么了？又不犯法。"这是姐姐的习惯用语。

"这不是犯法不犯法的事，你也不怕别人笑话！"

"爱笑不笑。"姐姐推开门走了。

爸爸气坏了，冲着门外喊道："你以为满大街都是游泳池啊！"

后来爸爸和我说起这事，说实话，女孩儿衣服穿得短点，我没觉得什么不好，但放在自己姐姐身上，多少就有些不舒服了，最好还是让别人的姐姐们去穿吧。这纯属于典型的、狭隘的小农意识。不过最终，我还是答应老爸，把姐姐的那条牛仔短裤藏了起来。

元帅重要，兵也非常重要

爸爸有着读书看报的好习惯，每天认真地看大量的报纸，他常说自己的知识面那么广、那么杂，就是因为看报，而且是认真地看。这一点我真服气。他经常说的一些事，就明明是我刚看过的报纸上登的，可我就是没看得那么细，听老爸一说，又得重新找回那张报纸再看一遍。

爸爸看报如果遇到他认为对我们有用的，会特意留着给我们看。一次我刚要去上学，他拿过来一张《参考消息》递给我说："这儿有篇文章你应该好好看看，对你学英语会有帮助。"

我一听就没什么兴趣："那有什么好看的。"顺手把报纸扔在一旁。爸爸挺不满意地说："我好心好意地给你拿过来，肯定是觉得对你有用。你就算真不愿意看，也先假装拿着，哪怕出了门以后再扔了，也比你这样强啊。"

我一听乐了，只好说："好，好，我拿着，我看。"

爸爸有他自己的一套，他遇事从不硬着来，一定要你怎么样，他能拐弯抹角地让你接受些什么，就像他说的那样，他不强求统一。爸爸常说："咱们大家的思想没有必要统一，你也不必全都听我的，我也不必全都听你的，更不必谁统一谁。"

那几年电视里经常播出译制片，像《虎口脱险》、《英俊少年》等经典的喜剧，和爸爸一起看时，我们俩还会不断添油加醋地胡说八道，更笑得前仰后合，爸爸在快笑出眼泪时，突然认真地说："以后我一定要写一部这样的戏或电影。"

我当时听了可高兴了。

老爸有戏剧创作的功底，懂戏、懂矛盾，会制造起伏跌宕的情节和"包袱"，人又那么幽默，肯定能写一部非常好看的喜剧电影。可惜的是，等了二十多年了，老爸一直也没写。也许是因为没有电影公司找他，没这机会；也可能是一直被别的事耽搁着，没时间精力了。不管怎么说，这都是个遗憾，对观众，对爸爸都是遗憾。

我在家里反叛，在学校更是这样。上高中时，除了语文、数学外，其他几科老师对我都很头痛。

有一次上化学课，我们几个同学没做老师布置的功课，于是被"请"到教室后排靠墙站着。我们几个"老游击队员"，很无所谓地笑嘻嘻地站到了后面。但意外的是，那天忘记做功课的，还有班里的一位女学生干部，她也站到了后面。看着她那痛苦的表情，我实在忍不住要笑。老师看我们站好后，气哼哼地推开门出去。

教室门敞开着，楼道里一些外班的同学看见有人罚站，不时向里张望，这时那女"干部"受不了被人看，赶快跑过去把门锁上。不一会儿，老师回来了，推不开门，在外急得大喊，惹得我们哈哈大笑。后来一同学把门打开，老师进来后怒视着我们，大声问："是谁锁的门？是谁锁的

门？！"

那女生吓得不敢回话，我在一旁看着笑话，老师又喊："要是没人承认，今天谁也别想回家！"

我这时看那个从来没有"斗争"经验的女"干部"脸都吓白了，实在太可怜了，又反感老师没完没了地问，就干脆说："我关的。"

谁想老师一听，立刻狠狠道："我一猜就是你！"

我哑然失笑！因为这，老师将近一个月禁止我上他的课。

一天课间，我们班主任拿着一本厚书走到我课桌前放下。这是一本文学家辞典，他翻到其中一页，指着书问："这是你爸吗？"

我看了看，那页正是介绍父亲的，点点头说："是。"

"成了！"班主任啪地把书合上。他是老北京儿，一口地道的北京腔，说话又脆又快，"放学后到我办公室，跟你商量点事儿。"

老师走了，周围的同学开始一嘴一舌地问："哟！你爸是文学家啊？！""哎！那你爸写过什么书啊？"

"我哪知道他的事啊。"是啊，我纳闷儿，爸爸从没写过书，怎么成了文学家了呢？

班主任和我商量的，是要请爸爸来给全年级毕业班讲一次课，题目是：如何树立正确的人生观。我回家和爸一说，他忽然谦虚起来，说："你们同学爱听我说吗？"

"那谁知道啊！这是老师让你去的，又不是同学。"

"那讲什么啊？你们这帮年轻人爱听什么我也不了解啊。"

"哎！瞎讲呗。"

"行，那就去瞎讲讲。"爸爸嘴上这么说，其实是很认真地做了准备，还特意问了我不少同学的名字。

到了周六下午，我们全年级同学拥进一个大阶梯教室。不一会儿，老爸随着老师走了进来，我跟着大伙儿一起鼓掌起哄。爸爸当时在年轻一代中还没什么知名度，但他一开口，就把大伙儿都震住了。他先是顺嘴说出用一些同学名字编的顺口溜，合辙押韵的，弄得大家笑个不停。

"文学家"阎肃畅想未来

　　接着，爸爸讲了他的人生观点：好兵不一定都是要去当元帅的，想当元帅的兵是好兵，不想当元帅的兵也是好兵。

　　以前有人说，不想当元帅的兵就不是好兵，非常不尽然，元帅是元帅，兵是兵，元帅重要，兵也非常重要。具体做什么，要看自身的条件和喜好。

　　爸爸还给我们讲了一个小故事：

　　在英国的一座大厦，有个看门人，一辈子站在门旁，为进出的客人服务。到他年岁不小时，老板看他辛苦了很多年，想提升他为领班，以便做些轻松的工作，不用再这么辛苦。但却被看门人拒绝了，他说："我干这工作三十多年了，懂得怎样干得最好，重要的是，我非常喜欢这份工作，觉得乐趣无穷。"

　　爸爸说，不一定往"高处走"对每个人都适合，要立足自己，只要自己努力了，做什么工作都能从中得到乐趣，使自己快乐地生活。

　　爸爸向来不空讲大道理，他总能把道理放在生活小事中，再通俗地讲给大家听，效果当然好了。那天，连校长和其他年级的老师都来听了。

讲完课，爸爸走了，我成名人了。更想不到的是，那位化学老师竟因此恢复我上课了。

那阵子，同学总是缠着我问老爸的事及有关文学方面的事，还要让我代为请教一些问题。可爸爸太忙，经常找不着人，有时我只好瞎编一些胡乱应付，慢慢地，好像我也成了文学家似的。被问得多了，自然要露出马脚，弄得不得已，还真要"逮"住老爸询问一二。

中学时代的美妙之处，就在于你想干什么都可以，记得那时有首歌：

我们大家在一起，
大家都是姐妹兄弟，
不要，不要距我一千里；
你喜欢谁都可以，
只要她肯答应你，
互相做个朋友没关系；
有什么困难说出来，
有了心事别藏着，
这里是快乐的天地；
将来我们回忆现在，
就像现在回忆过去，
欢乐日子充满笑语。
功课不太好，没有什么大不了，
只要尽了力，才能不及没关系；
路有千万条，条条通向远方，
路靠自己走，前程在于我。

乱七又八糟

第八章

那我可就先走啦

　　提起老爸的"演艺"生涯，要追溯到他的中学时代。他那时候就喜欢在课余时学着演戏，唱、念、做、打，样样都会，能唱、能"比划"。

　　爸爸在家时，常会随着电视里播的京戏唱段哼上几句，也有板有眼的，很像那么回事。而且满嘴都是戏班里的专业名词。比如他常会提到的一个词"搂闪"，懂吗？不懂吧。爸爸说了："这是我们戏班里的'行话'，就是拉屎。"

　　一次在吃饭时，聊起有个"名角"，曾经和乐班敲鼓的闹点矛盾。那敲鼓的师傅，在演出时就故意整他，敲来敲去的，没完没了，害得那武生一条腿抬起来，总也放不下去。

　　老爸说得兴起，站起来，举着手里的筷子，抬起腿来站在那儿比划，嘴里还"锵锵锵锵……"地带着锣鼓点儿，学那武生的样子琢磨着：不对啊，这鼓怎么还不完啊？自己边学边笑个不停。

　　妈妈在旁看着都替他累，说："你就快坐下吃吧。"

　　爸爸觉得还意犹未尽，非把整个过程学完了，才坐下接着吃。

　　爸爸刚参加西南文工团工作时，在合唱队当过四声部的声部长，也经常参加舞台剧一类的演出，他最常提到的一个角色是"石头"。有剧照为证。

　　那是一部独幕话剧，名字是《他回来了》。

爸爸饰演的石头是个被抓的壮丁。偷跑回家，国民党兵来追，他就躲进自家的面柜里，不承想，里面已经藏着一个来偷东西的土匪，土匪怀里还揣着只偷来的烧鸡。

这下好了，爸爸和土匪每次演出时都要互相把对方弄得一头一脸的面粉，所幸的是可以抢到鸡吃。那时，其他演员总要求他们嘴下留情，留下点儿分着吃。

当时他们还排演过一部多幕剧《爱国者》，特别受欢迎。

爸爸在剧中饰演一个敌伪村长，名字叫蒋三宣，是个两面派。

剧中有一场戏是，蒋三宣来劝降一位英雄大妈，被大妈臭骂一顿，但他也不生气，走到门口后仍回过头来笑嘻嘻地说："那我可就先走啦。"

人家大妈不理他，让他快滚！他还是笑嘻嘻地说："那我可就先走啦。"

天啊！真不敢相信爸爸有这"身份"。

这是爸爸饰演可怜的"石头",一脸的无奈。

右边的人就是我爸?有些不像。

台下观众开始大笑起来,爸爸一看观众笑,走到窗户边,即兴又加了一句:"那我可就先走了啊。"观众更笑得欢了。

后来演出这部戏时,每到爸爸说"那我可就先走啦",台下观众就笑,说一句,笑一阵,经常要比剧本多说三四遍。有时他都到台口要下场了,突然又回头笑嘻嘻地说:"那我可就先走啦。"把观众逗得哄堂大笑,连导演都蹲在一旁笑个不停,又边笑着把他拉下场。

1987年,爸爸还演过一部电影《代号美洲豹》,导演是张艺谋。

爸爸当时和团里编导组的几位编剧一起在影片中客串了一班国民党中常委要员在开会,研究劫机事件发生后的对策。他们这几位"大爷"在云山雾罩之中,摆出各种老奸巨猾状。爸爸的几个镜头,就如同这片子一样,一闪而过了。

就这样,爸爸的演艺事业就此告一段落。

老船长托人捎来的石磨

爸爸嘴里常有句话：江湖财，江湖散。也不知为什么，我常会感到老爸身上时不时流露出一股江湖味道。

可以说，老爸对很多事都表现出满不在乎，荣誉、财富他都是淡而受之，不以物喜，更不张扬。面对困境亦能坦然处之，我觉得这应该和爷爷、奶奶的为人之道不无关系。

爸爸有着很浓的武侠情结。少年时期他就追捧过还珠楼主的著作，到了20世纪80年代中后期，北京的街头巷尾开始有了新一代的武侠小说后，爸爸又重新燃起侠骨豪情，从金庸、古龙到温瑞安，直至不知名的作品，看见就买，忙活的不得了。

那时我们大院附近有个农贸市场，杂七杂八卖什么的都有，其中还有一溜儿摊位专卖武侠小说。老爸成了那里的常客，几乎每周光顾一次，那几位"倒爷"也都熟识老爸了，有了新书必然给我爸留下一套，到后来就干脆直接送到家里来了。

老爸虽然热衷于此，但他对这类书均不摆进客厅的大书柜里，说是不好意思，只能悄悄地放在小书房的一侧。而且分门别类地区别对待，有的立刻神速读完，有的就束之高阁了。我问过爸爸："您怎么比我还爱看啊？"

他说："我看这东西就像看小人书，换换脑子，歇歇。看这类书不用动

脑子，成人童话嘛。"

"那些不看的，买它干吗呀？"

"山人自有妙计！"这是老爸的口头禅。

"什么计啊？"

"就是等我退休了再慢慢看。"

那两年，常会和爸爸神侃各种兵器、刀法，再争论谁最厉害。

有天中午，我在客厅换衬衫，老爸有段时间没看见我光膀子了，猛然见到我一身的肌肉挺惊讶："哎呦，好家伙，这两块脯子肉支棱着，真棒啊！"我故意"绷"了一下，爸笑了："快让你妈也看看，她准高兴。"

"这有什么好看的啊。"我假装不当回事，其实心里很得意，这段时间没白练。

"让她看看，"爸又冲着卧室叫妈妈，"文辉，来看看你儿子的胸肌，倍儿棒！"

妈妈正抱着要洗的衣服出来，一看也禁不住笑了："在学校练的？"

"是啊。"

"都练什么啦？可别伤着。"

"就是做俯卧撑，每天做五组，每组30个。"

老爸觉得还不过瘾，插嘴道："再举举哑铃，把胳膊再练粗点儿。"

果真，爸爸很快让妈妈给我买了副哑铃，又买了臂力器、拉簧，他很喜欢看我锻炼。我上高中时，就能拉开五根簧，一气拉个十几下，有时，让来家里的客人碰见，吓一跳。

但我这些俯卧撑、"拉簧"之类的小表演，和爸爸完成的一项壮举相比，简直太小儿科了。

一次爸爸在下湖北的旅途中，认识了一位老船长，在船上聊的甚欢，听爸爸讲爱喝豆浆，很上心便记住了。

过了些日子，老船长从老家特意搞到一个磨豆浆的石磨盘，并托人顺路送到北京。但相托的人只是路过北京，只能将磨盘送到北京火车站，需要我们家里自己去人接。

那天正好我不在家，爸爸从来都是个人的事决不用公家的车，另外也觉得一个家用磨豆浆的磨能有多大啊，就自己去了。

到了站台一看才知道，那磨盘的直径足有近二尺，上下两层加起来也得有一尺厚，整个儿就是个不小的石礅子。后来我曾试着抱起来，走几步都觉得费劲。

爸爸一看，傻眼也没辙啊，也不能不要了啊。于是他把石磨上下两层摆开，用麻绳分别拴牢，人弯腰蹲下，把绳子挂在肩上，一咬牙，一较劲儿，使劲儿站起！两片石磨一个挂在前胸，一个挂在后背。爸爸说当时

老爸这是跟谁啊？他身边没人啊！

就感到，前面的肋骨插到后背去了，后面的骨头跑到前胸来了。就这样，爸爸硬是把石磨从北京站扛到地铁，再坐地铁到玉泉路，也没怎么休息，又从玉泉路地铁站扛回家。

从地铁站到我家少说也有15分钟的路，再加上那么多层楼梯，反正一般的文弱书生是干不了的，这要是没点子"虎胆龙威"，可真扛不回来。据说看着爸爸扛着石磨进家时，妈妈都吓傻了。

但非常遗憾的是，爸爸如此英雄地扛回的磨，好像只被用过一次。因为用起来实在太费劲儿了，妈妈根本转不动它。

后来这石磨被妈妈命名为"你爸的磨"。后经数次搬家，妈妈都不敢扔掉它，可能妈妈也觉得那磨上带着爸爸的豪气呢。

书桌抽屉里藏"射雕"

几乎所有人都觉得爸爸平易近人，和蔼可亲。的确，爸爸从不摆架子，但我能感觉到，爸爸骨子里有非常的傲气，很多时候的不争可能是不屑一争罢了。

爸爸对于生活中的困难、挫折有很强的忍耐力，并能冷静地接受现实的考验。他总说："事情横着来，你就顺着想。"他笑谈生死的态度也独树一帜。

爸爸说，在刚参加革命时，像大伙一样，不计生死，能多革命一天是一天，一年是一年。解放后，就开始希望多为革命做几年贡献，最好能活到三四十岁。

在结婚初期，和妈妈聚少离多，爸爸也觉得很正常，像人家苏联乡村女教师瓦尔瓦拉·瓦希里耶夫娜一生只和丈夫相见两面，不也一样革命一生。爸爸顿了一下又说："但是，人啊，老是享福就慢慢变质了。像我到了五十多岁时，就想着还是得多活些年才好。当然也不能太长了，就来个三百岁就行了。"

我一猜，他最后就得说这话。立刻加上一句："那您干脆直接活到178526年得了。"

到了1985年，我要考大学了。在离高考个把月工夫时，我被一颗"流

父子俩在相互吹捧之后，都面露得意之色。

弹"击中，这颗流弹就是《射雕英雄传》。

一天在课堂上，一个学习极差的同学，突然拿出一本缺皮少页的大开本图书在我眼前一晃，我立刻被上面的插图所吸引。那是梅超风同"江南七怪"荒原夜斗的场景。于是我一把把书夺过来，课也不听了，"狂读"一气。

但这本书实在太破了，上册已经残缺不全了，下册的后半本干脆就没了。大家都知道，武侠小说看到一半，不知道结局实在是人生一大苦事，就如同美女买了件新衣服，找不着镜子照一样。我到处找，也找不着，有时想起来直发呆。

几天后回家，看爸爸不太忙，就顺嘴跟爸爸神侃起这部书来。这事我不敢让妈妈知道，她那会儿恨不得我除了吃饭就一门心思复习功课，厕所都最好少上。和爸爸说呢，他是不会大惊小怪的。

爸爸听完我连说带比划、略加夸张的片段描述后，露出一种小事一桩的神情，顺手拉开书桌最下面的抽屉，拿出几本书问："是这个吗？"

我一看，我的天哪！精装，彩色封面，四本一套的《射雕英雄传》！

"老爸，真行啊！你怎么有这个啊？"

"没想到吧，你说得这么热闹，还以为我没见过吧。"

"见过见过，您老什么没见过啊！快让我看看吧，我都快急死了！"

"那可不行，"爸爸得意之余又反应过来了，说，"你还有两个星期就高考了，等考完再看吧，又跑不了，我给你留着。"

我一想也是，强咽了一口唾沫。爸爸总算想起应该关心关心我的学习，问道："你复习得怎么样啦？用不用我帮帮忙？"

"您能帮啥忙啊？帮我考一门？"

"我可以帮你念填空题什么的，以前你姐考大学，就是我帮着念，她答。"

"我哪有她那么笨哪！咱是啥脑子啊。"

"就是，咱俩这脑子都没问题！"爸爸也开始顺着我吹起来。"我当年考重庆大学，还有川大，都考上了，也从没让谁帮过忙，都是我自己复习，考完试，两个大学都要我。"

"您的那个重庆大学也叫大学，没啥名气当然好考了。"

"嘿！你这是纯粹瞎说，那时候很有名的，就是现在也不差啊。"

"是吗？行，行，就算不差吧，您当然差不了了，可我姐就不行了。"

"女人嘛，脑子当然要差一些了，要不怎么叫女人呀。"爸爸看妈妈不在，也趁机大放厥词。

"是啊，哎！这女人考什么大学啊，洗衣服，做饭，在家学学不就行了，还用去大学里学吗？"

"哈哈哈……"

我们一通胡扯，哈哈大笑。末了，爸爸说："别人问过我，俩孩子当中哪个遗传我的艺术细胞多点？我想了想说，还是儿子多些，他问何以见得呢？我告诉他，我这儿子和我一样贫嘴，都属于'废话协会'的。"

学校不是一流的，你是一流的

爸爸说的"废话协会"，还真有这么个组织，他也是主要成员之一。"废协"的会长，据说是作曲家陈紫先生，有诗为证：

> 陈紫，陈紫，知名人士；
>
> 有《刘胡兰》曲谱问世；
>
> 三教九流，无所不知，
>
> 有问必答，答而不止；
>
> 人送外号，"把你聊死"。

贫嘴归贫嘴，高考前我也开始非常认真地复习了。尤其在考试一周前，把时间计划得仔仔细细，几乎每晚都和同院的"考友"刘工一起熬到深夜。临考前，我每科都押了几道题，并告诉了几个要好的同学，后来证明，押题之准，令人惊讶。事后一同学说，她竟然以为我事先知道考题呢。我以全校文科第一名完成了高考。

在考最后一科政治时，发生了个小插曲：坐在我前面的考生，是一个看上去像是考了多年的老毕业生。考试中，突然把身子往后靠，问我一道填空题："人大常委会委员长是谁？"说实话，我被吓了一跳，高考作弊被抓住

203

就完了。但看着他岁数不小了，动了恻隐之心，将头凑近他，小声说："彭真。"

我以为完事大吉了，没想到他又侧头问了一句："彭字怎么写？"我实在是哭笑不得。

在答完最后一题后，也许是太累了，或是没压力了，我竟趴在桌上睡着了。监考老师赶快过来拍醒我："同学，这是高考，怎么能睡觉啊？"

"什么考也经不住困啊。"

"那也不能睡啊。"老师充满爱心地说。

"那交卷好了，我回家睡去。"于是我在那位好心的老师吃惊的眼神中交了卷，骑车回家。其实回家我也不能睡，因为一年前，我就和初中时的一位女同学约好，高考完那天，在八一湖公园见面。

到了公园我们约好的地方，我就坐在草坪上等。等啊等，等啊等，等到公园没人了，就站到公园门口的马路上等，一直到下班的车流都稀少了，还没等到。后来才知道，那女生早把这事给忘了。

我心情失落地骑车回家，唉！挺好的计划又落空了。

对于计划，爸爸常说，人最重要的是懂得给自己定好目标，再按目标制订计划，并努力认真地实施。但是，因为各种因素，有主观的，有客观的，不是每个计划都能完成的，而且可能绝大多数计划都完成得不尽如人意。但是，达不到目标，也不要因此就认为是世界末日了，大可不必。应该怎么办呢？应该再根据现实情况、自身能力，尽快重新制订一个新的计划、新的目标，再去努力。这样，你永远都会保持乐观的心态去迎接挑战。

快到家时，我的心情慢慢变好了。因为在路上，我突然想起，爸爸抽屉里的那套《射雕英雄传》，按爸爸的那套理论，我此时的目标，从那女生改成这套书了。那天晚上，我挑灯夜战，害得爸爸夜里两次来敲我的房门，催我睡觉。

我报考的第一志愿是北京外贸学院，属于英语类。两天后，妈妈陪我到位于北郊的外贸学院进行口试。

考生们被分为几组，分别在几个办公室里面试。排在我前面的是十二中的一女生，她上来就对我说："你赚了，咱们这组口试是女老师，女老师都喜欢男生，男老师就讨厌男生，对我不好，所以我悬了。"我听了，心里很赞同，窃喜的同时也假装宽慰说，她是来自名校，基础好没问题，等等。

等她考完，轮到我刚要进屋时，突然一校工跑到门口，说："刘老师您电话，家里的。"

等着给我考试的那位女老师问："急吗？"

"好像挺急的。"

那老师答应着走出来，歉意地看了看我，再扭头把一"巡场"的男老师叫过来说："张老师，麻烦您替我一下，我接个电话。"

"好，您去吧。"那男张老师接过考题，走进屋里，并冲我招招手，示意我进去。我这心里甭提多难受了。等张老师开口用英文问我第一个问题时，我满脑了还是男老师讨厌男学生的想法呢，根本没听清他的问题，糊涂中顺嘴问："您问什么？"

这下坏了。英语口试中最大的忌讳就是不能说中文。就算你没听清，也要用英文的"pardon？"回应。就这样我被"刷"了下来。

最后，我蹀跼地接到报考表上的最后一个志愿——北京商学院的录取通知书。当时的确有心不去，想复读一年。但爸爸看得很开，说："就算学校不是一流的，但你是一流的，在哪儿都会很棒的。"

我经不住这顶高帽子，就去了这所知名度并不高，但有着当时最前卫的管理专业的学校，并进了管理系，学商业企业管理。巧的是和爸爸当年念的大学专业一样，也算是天意了。

《彩虹》是小阎写的

上大学不久，一天在家闲着，爸爸过来说："有个为残疾人搞的晚会，让我给写首歌，挺着急，可我最近实在没工夫，忙不过来，你帮忙写个吧。"

"我写，行吗？"

"嘿！你瞧，你写的还能有错啊。你要写词，得有一批干这行的没饭吃了。"

被老爸这么一捧，我立马晕了，打起十二分精神，写了一首《彩虹》：

> 在梦里，我畅游太空，
>
> 自由自在，踏着云，乘着风；
>
> 在梦里，我登上高峰，
>
> 面对大海，看着云，听着风。
>
> 也许我带来的太少，
>
> 也许我带走的太多，
>
> 梦里，我临走时，留下了彩虹。

后来这首歌由作曲家孟庆云谱的曲，韦唯、白雪等几名歌手唱过，反映还挺不错。但大家都以为是老爸写的，在晚会和发表的词刊上都署着阎肃的名字。

这下爸爸着急了，到处跟别人说，找人更正，说是小阎写的，像个正事似的。我倒觉得爸爸多此一举，写不写我的名字，没什么大不了啊，更何况我又不干这行。可爸爸依旧很认真地到处更正，弄得我都不知道他为什么那么郑重其事的。这当然不存在著作权等诚信问题，我们父子俩都没有那么小气。莫非老爸潜意识里希望我搞写作？真是不得而知了。

爸爸从来没说过他希望我干什么，成为什么样的人，他一直都是让我自己把握人生，自己走自己喜欢的路，可能是因为他自己也是这么走过来的，包括政治思想上的进步问题。

我一直属于比较落后的学生，小时候就没当上"红小兵"，少先队员还是妈妈给额外发展的。入团这件事在中学时就别想了，上了大学后，我也一度以为有机会，因为班里只有我一个不是团员，因此团干部主动跟我说要帮助我入团，我也觉得挺好，就抄了份申请书交了。回家时还跟爸爸说："我马上要当团员了，以后咱们就是同志关系了啊。"

爸爸一听也挺乐，连说："好，好，宇同志好。"还挺认真地问："哎，人家这次怎么要你啦？"

"咱人缘好啊，又没干什么坏事。"

可过了些日子，又没下文了，爸爸问起这事，我就去问那团干部，他说："你最近不是又有旷课现象嘛，组织上还要再考验考验。"

就这样，直到毕业，我还是个长着翅膀的——非团员，而且全校就我这么一个。这和爸爸十几岁就加入新民主主义青年团，随后又入党的差距实在太大了。

▌告诉你什么才算冷

在北京冬天的早晨，顶风骑车真是件痛苦的事。刚上大学时，回家的次数比较多，周日晚上如果住在家里，那周一一早就要骑车往学校赶。

其实学校离家并不算太远，也就30来分钟。有一次，我早晨骑车去学校，顶着西北风，那天太冷了，我觉得被风吹得连呼吸都困难，干脆一转车把，"调头"回家了。

路上想，可真当不了江姐啊，手冷点儿都受不了，人家竹签子插都不怕，这共产党员真不是谁都能当的。

爸爸一看我又进屋了，问："你怎么又回来了？"

"风太大，冷死了，中午再去吧。"

"啊？这就不上课了，那老师能干吗？"

"先这么着吧，要不您出去试试？"

"我是不行啊，可您这'红花会'的还怕冷啊？"

"'红花会'的也不行了，"我走到爸爸书桌旁说，"您这辈子，可真享福啊！从不用受挤车、骑车上班的苦，整天在家办公，少受多少罪啊。"

"那倒是，不过你回头得和人家老师好好说啊。"

如果是别的家长，遇到这种事可能就逼着孩子上学去。但我爸就很灵活，他不会强迫你一定要怎么样，尤其在我们长大后，他只是提出自己的建议，具体怎么办都是由我们自己决定，但他也是不失时机地跟我忆了一段峥嵘"往昔"：

那是1964年，爸爸为写《雪域风云》剧本，去西藏体验生活。

那时已是12月中旬，他坐在解放牌大卡车的驾驶棚里，从西宁出发，经格尔木，倒淌河，五道梁，唐古拉，路上走了18天，海拔最高四五千米，零

歌剧《雪域风云》剧照

下四十多摄氏度。极度寒冷再加上高原反应，简直令人死去活来的。

那时又没有什么驱寒设备，也没有高压锅，水都煮不开，蒸的馒头外面像糨糊，里面是面粉。

夜宿一兵站，人家照顾爸爸，给他下面垫了4床被子，上面盖上5床棉被。老爸穿着绒衣绒裤钻进去，还是一点热乎气儿都没有，缩成了一团"得得"打颤，感觉就像光着身子躺在雪地里一样。爸爸心想：除了这里再无任

何地方能叫"艰苦"了，觉得多待一天就熬不过去了似的。

天亮时，一小战士叫爸爸去喝粥，爸爸问战士来这兵站多久了，战士说快四年了。把老爸惊呆了，说真是打心眼儿里向那小战士敬礼，这才叫英雄。

后来爸爸在西藏住了一段时间，因单位有紧急任务，就坐飞机返回北京。

当时坐的飞机是美国造的军用47小型运输机，能坐十几个人，因飞机并不是全密封的，每人配备了一个氧气面罩，在飞越唐古拉山脉时使用。

在临起飞前，突然又上来个老军管处长，但已经没有座位了，爸爸那时年轻，就把座位让给了老处长，自己挤进了驾驶舱，抱着个氧气枕头。不想起飞后不到10分钟，氧气枕头就瘪了，没氧气了，只好和领航员两人共用一个氧气面罩，你吸一口，我吸一口的，直到落地。

遇到好人多，自己更善良

1987年的寒假，报纸上最多的新闻都是关于海南岛开发、建省的，我听得心痒痒的，闹着要去看看。妈妈坚决反对，说那边太乱，不安全，而且家里在那边一个熟人都没有。但爸爸挺支持，觉得男孩子就应该出去闯闯，在我软磨硬泡下，妈妈只好同意了，并给了我400元钱。

这是我第一次一个人去陌生的地方。我背好背包，站在门厅，爸爸从卧室里出来，说："我送你吧。"

"不用送了，我妈呢？"

"她在屋里，咱们走吧。"

我冲着卧室喊了声："妈，我走了。"就和爸爸下了楼。

路上爸爸说："你妈刚才都掉眼泪了。"

"为什么啊？"

"怕你出事呗，那边挺乱的，你一个人，语言又不通，能不担心吗？你还那么爱惹事。"

"没事儿，我都这么大了，就算遇到土匪，我也能对付，给他来个'飞腿'。"

"你呀，你妈就是怕你惹事，出门遇事，千万别逞能，更不要乱发脾气。"

211

"放心吧，你还不放心呀？"

"我当然放心你了。"说着爸爸笑了。

爸爸看着我上了开往北京站的地铁才回去。

海南岛的经历是我一生难忘的。

我在岛上转了大半圈儿，走了很多地方，最美的，当数东郊椰林。

我到那里时，刚过中午不久，为了省下一元摩托车钱，我从公路徒步向海边码头走去。大约走了30分钟，穿过一片茂密的甘蔗林，被眼前的美景惊呆了：

一排排高高的椰树斜斜地长在海边，整齐而又懒散地沿着无尽的海岸排列开去。

大海湛蓝湛蓝的，被阳光一照，直晃你的眼，我想大多数人，对海都会情不自禁地去亲近，就像找到了归宿。

那时东郊椰林还没被开发，又是冬季，整个海岸上就我一个人，我忘情地在海边走着，脑子里一片空白，所有的烦恼在这一瞬间消失得无影无踪。我像是又回到了孩提时代，又回到了姥姥身边。我被这大自然的美景融化了，只剩下忘情地走着、走着，一直不停地走。眼睛里全是碧蓝的海水和无尽的椰林。天上的几朵白云也被映射出蓝绿相间的光影。

走啊走，走了4个小时竟浑然不知，当我忽然发现夕阳已浸在海水中时，才意识到天色已晚了，一种失落感瞬间涌出，海的颜色逐渐变成了深绿，树端也开始有了微风。我竟如还没有完全恢复意识一样，茫茫然不知该往何方了。

这时，有个女人带着两个孩子出现在不远处的椰树下，我下意识地走了过去。

女人是在祭拜，在石制的神龛前，摆着4碗米饭，米饭中间点着红点，一旁还放着鱼、肉、水果等。女人拜完，看看一旁呆呆的我，笑着问："你是哪里来的？"

"北京。"

"要去哪儿啊？"

“不知道呢。”

女人又笑了笑，说：“我可以吃你一顿，住你一夜。”从她不太标准的普通话里，我还是明白了她好客的意思，有些不好意思地说："方便吗？"

“方便的。”女人收好祭拜过的食物，轻声说，“走吧。”

路上，女人告诉我，跟来的是她的两个女儿，一个16岁，一个14岁，大女儿明年就要嫁人了。

我跟着女人回了家，家里有一老太太和一位伯伯，我猜那老太太像是女人的婆婆，那伯伯可能是她老公的哥哥，而女人的老公一直没有出现。

婆婆跟伯伯看到我，只是微微点点头笑笑。不一会儿，我们就开始吃饭，食物都是刚才女人祭拜过的，我觉得好像带着些许神圣。

我从没吃过那么新鲜的带鱼，还有清水煮的猪肉，吃得很香。饭后，我和他们一家人坐在小院里，因只有女人会说些普通话，所以我们并没有太多的交流。他们淡淡地说几句，我淡淡地听，偶尔女人会解释一句，和我说上一两句话。

我抬头看着星星，是从未见过的，那么密，就像抓一把芝麻撒在一张白

纸上，又亮，又是那么近。恍惚间，忘了自己身在何方了。

那天是1987年农历腊月二十九，那晚我做了很多梦。

第二天醒来时，家里的人都走了，只留了张字条，估计是女人写的，写道：桌上是早饭，我们去看亲戚，下午回来，你要是不走，就等我们回来吃饭，要是走，就把门关上。

在我生活的部队大院，大家互相非常熟悉，在20世纪80年代以前，很多家白天并不锁门，去别人家就像自己家一样，但这家人，不认识我也能如此信任，就真是让我不知说什么好了。

每个人一生都会有很多遗憾，我当时太不懂事了，不知道问问，这是哪个村庄，也没问他们叫什么名字，因当时在海边是信步而走的，路也找不到了。我离开了那个充满着温暖、信任的房屋，再也找不回去了。这成了我一生的遗憾。

回来和爸爸提起此事，爸爸也很感慨地说："人遇到的好人越多，自己也就会更加善良些，因为那些好人会在你心里的某个地方住下来，陪伴着你。"

军营里的那些歌

　　大学二年级的暑假，学校突然决定组织我们年级搞军训，来到了河北省的塞外边镇——柴沟堡。

　　这里就算是夏天，到了晚上也依然很冷，夜里站岗要穿军大衣。每天操练队列，大家都被训得人困马乏的，但最怕的还是唱歌。

　　在部队，干什么之前都要先唱两段，开会前唱，来回路上唱，吃饭前唱，睡觉前还要唱；重要的是，还要比哪个排的声音大，闹不好就要反复唱几遍。

　　准确地说，那不是在唱，是在喊。爸爸创作过不少军旅歌曲，那次军训我们喊得最多的一首，就是他写的 《军营男子汉》：

　　　　我来到这个世界上，没有想去打仗，
　　　　只是因为时代的需要我才扛起了枪；
　　　　失掉不少发财的机会丢掉许多梦想，
　　　　扔掉一堆时髦的打扮换来这套军装。
　　　　我本来可能成为明星到处鲜花鼓掌，

也许能成经理和厂长谁知跑来站岗；

但是我可决不会后悔心里非常明亮，

倘若祖国没有了我们那才不可想象。

真正标准的男子汉，大多军营成长，

爸爸在军营为战士签字

不信你看世界的名人好多穿过军装；

天高地广经受些风浪我们百炼成钢，

因为人民理解啊我们心头充满阳光。

　　爸爸说这首歌是他有一次下部队体验生活，从基层官兵到师团领导都反复座谈，之后将他们所谈的概括起来，就成了《军营男子汉》的歌词。

　　爸爸的许多歌是在连队宿舍的马扎上写的，是空军基层的官兵让他有了灵感，产生了那种写作的冲动。《军营男子汉》就是这样，它深受战士的喜爱。

　　伴随着这首歌的旋律，一茬茬新兵也成长为勇敢的军营男子汉。爸爸给部队写军歌、师歌、团歌、营歌、连歌，有求必应，写多了自己也记不清有多少了。

爸爸作为部队的一员，反映战士生活的作品是相当多的。他一直认为，要想写出战士喜爱的歌，只有一条路，到战士中去，像他写的《天职》也是这样来的。

在爸爸的"军营三部曲"中，还有《军营春秋》和《军营时光》。我觉得《军营春秋》的几段词还是蛮有感觉的：

普通一兵之老兵阎肃

> 黄昏后，当天边的彩霞
>
> 伴着那清风，悄悄地爬上山口，
>
> 也正是我们一天当中，最悠闲的时候；
>
> 来吧伙伴们，弹起那六弦琴亮开你的歌喉，
>
> 唱一唱青春，唱一唱友谊，唱一唱军营的春秋。
>
> 谁说是，军人们的生活
>
> 单调又平凡，没见过红灯绿酒，
>
> 只有那一件件的军装，一群群的光头；
>
> 不啊，伙伴们，我们的生活里格外斑斓锦绣，
>
> 金黄的奖章鲜红的热血还有那黑亮的枪口。
>
> ……

战士们最喜欢这首歌中"一群群的光头"和"黑亮的枪口"两句，每次唱到这两句时，声音明显提高"八度"，都高喊着狂吼。

217

老爸咱经商吧

我在大学三年级时，也作出了一个不寻常的决定，"下海"经商，但没有弃学。

还是在1987年时，我四姨父在沈阳太原街上开了家挺大的服装店。我暑假时跑去沈阳玩，就顺便跟着他到上海、蚌埠等地"上货"，转了一圈儿，觉得很有意思，于是萌生了回北京做生意的念头。

1988年下半年，我开始在北京到处找可租的柜台，最后通过朋友介绍，在德胜门外湖北黄石驻京办事处开的一家小商店内，以月租500元谈定一柜台。柜台谈好了，又发愁钱了，只好去找我的坚强后盾——妈妈。

妈妈一听就摇头，拿着当笑话跟爸爸说，但最后，经不住我死说活说的，还是给了我3000块钱，这在当时已算是一笔不小的数目。妈妈想着就当打水漂吧，省得被我闹个没完。

预付完柜台租金，按之前我已安排好的，从海淀百货商场代销了一批他们库房里积压的服装，有毛衣、羽绒服等。因认识商场的总经理，一切手续就都从简了。服装拿来得异常容易，但容易来的可就不一定容易卖了。后来还真是，这批货基本上是怎么拉来又怎么拉回去了。

开业第一天，一件衣服没卖出去，我没着急。商店关门后，我乘地铁回家，在院门口，正碰见爸爸妈妈出来。老爸一见我就乐了："'大商人'怎么回来了，商人应该重利轻别离啊。"

妈妈更关心她的投资，忙问："卖得怎么样啊？"

我故作轻松状："着什么急啊！慢慢来嘛。"

"啊，一件没卖吧？"

"急什么啊，今天是星期一，人家都说，星期一买卖稀。"

"不急就好，我们去看戏，你去吗？"

"不去了，我还饿着哪。"

妈妈说："锅里有饭和菜，还热着呢，自己拿出来吃吧。"

第二天，又是一件衣服没卖出去，我直接回学校住了，省得被爸爸妈妈问。

一连6天，什么都没卖，我有点儿坐不住了。在星期天的傍晚，大学同学杨勇跑来小商店看我，这时一个女顾客正在试穿我柜台上的一件羽绒服，我想赶快打发走那同学，好集中精力做成这笔买卖。可同学竟说他要看完她买不买再走。把我急得，又只好摆出一副无所谓的样子，索性拉着他到门外继续闲聊，眼睛的余光却密切注视着售货员和那女顾客的"斗智斗勇"。

足足15分钟，在经过一阵讨价还价，售货员最终在我许可的眼神授意下，答应了女顾客便宜3块钱的要求。我的第一笔买卖终于做成了：以85元卖了一件羽绒服：短身，白色的，带个帽子挺好看。进价58元，赚的钱除去一天的租金，还多十块钱。我和同学杨勇都笑了。

其实做生意是相当艰苦的一件事。那时大家只看到，倒爷们骑着摩托车风光的一面，但不管在哪个时期，出来做生意的赚不到钱的还是大多数。

我能在初期那么艰苦的情况下支撑下来，与"海百"当时的总经理张重华的帮助是分不开的。除了任由我在他们商场挑货、换货外，也没催过货款。

很快，我又在东四租了个柜台，德胜门的也就退掉了。当时东四是北京服装生意最兴旺，也最时尚的商业中心。这里的服装大多是从广州进货，但也有从石家庄进货的，这可能出乎很多购买者的意料：堂堂北京最时髦的服装卖场，竟然是从河北省进的货，肯定从感情上接受不了。但这是真的，我也去过一回。

去之前，我还特意回家想找个大包，挑来挑去拿不定主意，就顺口问爸

爸拿哪个好，爸爸还挺认真，站起来端详了一下，说："如果要是'进'西服呢，当然最好用这个箱子了，省得把西服弄皱啊。要是'进'其他东西，还是这个包好，它口小肚子大，最能装。"

"内行啊！那我就把这两个都拿着吧。"

爸爸看我接受了他的意见，挺高兴。也是他真行，不懂的事都能说得头头是道的。

生意是越来越顺了，学校也就越来越去得少了。因为每天"收摊"挺晚，就不住在学校了，每天最多就上10点到12点那两堂课，一下课就"打"车往东四赶，下午课是通通上不了的。因旷课太多，以至于有的课都没怎么上过，参加考试时，老师都怀疑我是不是这个班的。

记得上大一时，我还曾在学校附近报名上过日语班。开始两次还能认真听课，背背字母。一个星期下来，晚上再去听课时，第一节就犯困，第二节干脆趴在桌上呼呼大睡了，精力上真是很难支撑。

所以有时在想：那么多父母送孩子出国留学，在外面半工半读，觉得很难兼顾。工作已经累得半死，再去上课，几乎不太可能。所以大多数所谓的留学生，也就是在当地国的语言学校混混，还都是和中国人自己混，根本学不到什么，不过这也怪不得他们，精力有限嘛。

20世纪80年代老爸在电视晚会现场，和
李默然（右一）、田连元（左一）等。

电视节目怎么开始的

　　老爸第一次接触电视节目是在1984年，北京电视台张正言编导的《家庭
百秒十问》。这个节目当时是1985年春节期间播出的，在北京红极一时，非
常受观众喜爱。

　　在制作这个节目时，张导演请老爸帮忙给这个节目当顾问，并撰写主持
人台词及帮着出些题目等等。爸爸那时说，连续每天要出一百个题目，半个
月后，也快没题出了。我曾问爸爸："怎么会想到去搞电视节目啊？"

　　老爸说："人家找上门来让帮忙，觉得挺有意思就搞了。"

　　"那人家干吗找你呀？"

　　"那我就不清楚了。"

　　老爸就是这样稀里糊涂地与电视结下了缘分。

　　那年，老爸又帮着北京电视台搞了晚会《游谜宫》，后又参加中央电视
台晚会《新春乐》的撰稿，用著名相声演员杨振华父子在深圳游乐场的一番

趣游贯串整台晚会，逗乐了观众。

到了1985年入冬时，中央电视台著名导演黄一鹤找到老爸，尊称为老大哥，开始策划1986年的春节联欢晚会。从那时起，爸爸一共搞了十五六年中央台春节联欢晚会，春节时加班也就成了家常便饭了。

从深圳回来，爸爸回想起特区文化的新鲜，就顺笔写了个小歌剧《特区回旋曲》，讲的是3个复员战士在特区旅游行业做出了成绩的故事。该剧作曲是刘江，后来由总政歌剧团排练演出了。

自从开始搞电视晚会，尤其是春节晚会，爸爸在家的时间变得又少起来。特别是下半年，几乎总是住在不同的剧组，难得回家。我卖着服装，回家也少，和爸爸碰面聊天的机会就更少了。

爸爸在1988年底策划了新年晚会——《难忘一九八八》。

这台晚会构思巧妙，把美国总统竞选的形式搬到了晚会主持人的互相打擂上，很有意思，并获得当年的全国电视文艺"星光奖"和全国优秀"撰稿奖"，这台晚会也被爸引为得意之作。

难忘1988，难忘的何止是1988，我们难忘20世纪的整个80年代。

> 但愿到那时，我们来相会，
>
> 举杯赞英雄，光荣属于谁，
>
> 为祖国，为四化，
>
> 流过多少汗，
>
> 回首往事心中可有愧。
>
> 啊……年轻的朋友们，
>
> 创作这奇迹要靠谁，
>
> 要靠我，要靠你，
>
> 要靠我们八十年代的新一辈。

这首歌，迎接着20世纪80年代的到来。80年代对于中国人来说，意义非凡。那是个充满幻想的年代；充满真诚与朝气的年代。80年代的激情与理想，只有成长在那个年代的人才能真切地体会到。

永不沉没的船

对于搞电视晚会，爸爸一再说："让老百姓喜欢看永远是最重要的。"

1989年的"十一"晚会是他策划撰稿的，我正好在家和老爸一起看，其中有个节目是：北京首钢的工人合唱队，坐在颐和园的"石舫"上唱老爸写的《风雨同舟》：

当大浪扑来的时候，

脚下正摇摆个不休；

看险滩暗礁，重重关口，

伙伴们，拉紧手，风雨同舟。

……

八百里狂风吹得衣衫儿抖，

是热血男儿，正当显身手；

管什么两岸猿声阵阵愁，

放眼看，江山何处不风流。

……

明显是想词呢！但也用不着这样儿啊！

看后，我问爸爸："你们这是坐的什么船啊？石船。那船永远不会前进啊。"

爸爸像是早有准备，冷静地答道："但永远也不会沉没。"

京腔京韵自多情

爸爸在创作上属于不知疲倦的人，作品很多，称得上是一位多产作家。不仅创作过歌剧、京剧、舞剧及大量歌词，还写过山东快书《龙宫献宝》、相声《大家负责》、数来宝《各路英雄会北京》、四川花鼓《歌唱婚姻法》。听起来都有点儿乱，像是开杂货铺的。

有天晚上，我到一个朋友家串门，朋友哥哥正看电视里播的一台晚会，看得津津有味的，还不时地跟着哼哼。

我问："看什么呢？这么高兴。"

他说："京腔京韵自作多情。"

"啊，怎么叫这么个名字？"

"哈哈，是我多加了个字，是那位阎肃搞的。"

因朋友不知道我是阎肃的儿子，也就没再说下去。谁知他哥哥又加了一句："你说这位阎肃同志还真是自作多情啊，写了这么多北京的歌。"

我实在怕他再说出什么怪话来，今后知道了大家更不好意思，于是赶快说："他是我爸。"

"啊？""啊！""真的？"

他们全家都惊了一下，随即大家都笑开了。朋友的妈妈收住笑说："你爸爸的歌写得真挺好，不过我觉得你爸爸不太像北京人。"

"哟！阿姨您真行，您怎么看出来的？"

老太太忸怩起来："也不是看出什么，反正我就觉得他不像很地道的北京人。"

爸爸这个不很地道的北京人，在北京也生活了几十年了，对北京的感情还是蛮深的。

其实家园从来就不是抽象的，它是厅前一株花，路边一棵树，高高的楼角上蓝蓝的天，静静的深夜里弯弯的月。

爸爸写北京是因为他熟悉北京。但另一方面，爸爸写的北京从来又不是一个地域概念，也不仅是一个首都的概念，而是大中华的一个个剪影。

> "同升和的鞋，盛锡福的帽
> 六必居的酱菜，同仁堂的药
> 全聚德的鸭子呱呱叫
> 东来顺的涮/烤肉宛的烤
> 荣宝斋的字画/王麻子的刀
> 瑞蚨祥的绸缎俏中俏……"

听着这首《京城老字号》，一幅老北京车水马龙的图景跃然眼前。然而，它传递出的却是地地道道的中国文化。可以感觉出来，不光是北京人听这首歌觉得亲切，所有中国人听这首歌都觉得亲切。之所以有这种感觉，是因为不但歌的内容是中国的，而且说话的方式和传递的气质都是中国式的。

爸爸的作品立意高、气象大，但内容不空，口气不硬，其间分寸真正落到纸上是极难拿捏的。与其说这是一种文法，不如说这是一种功力。因为类似于这样的文化小品，它来自生活的积累，来自心灵的感受，可以说，这是源远流长的中国文化涵养出的一种叙事风格，甚至我们可以称之为中国性格。

轻轻柔柔，娓娓道来，不会强加于人但极富感染力。所以，爸爸的歌，无论他想传达多么宏观的大道理，由于有了深厚的积淀，他都能够轻松驾驭，并且显示出很强的亲和力。

1990年，应北京电视台之邀，爸爸创作了《北京的桥》、《故乡是北京》、《冰糖葫芦》等19首京味儿歌曲，并策划编辑了一台由这19首歌曲连缀而成的"京腔京韵自多情"春节晚会。这些他写北京的歌中有不少流传挺广，像描写北京街头各式各样桥的《北京的桥》：

　　　　　北京的桥，千姿百态，
　　　　　北京的桥，瑰丽多彩；
　　　　　金鳌玉　望北海，
　　　　　十七孔桥连玉带。
　　　　　高梁桥龙王把水卖，
　　　　　金水桥皇上挂金牌；
　　　　　卢沟桥的狮子最奇怪，
　　　　　您就数啊数啊，怎么也数不过来
　　　　　……

还有思乡味很浓的 《前门情思大碗茶》：

20世纪80年代的爸爸妈妈。别看爸爸拿着照相机，那仅仅是拿着，他绝对不懂如何使用。

　　　　　我爷爷小的时候，常在这里玩耍，
　　　　　高高的前门，仿佛挨着我的家；
　　　　　一蓬衰草，几声蛐蛐叫，
　　　　　伴随他度过了那灰色的年华。
　　　　　吃一串冰糖葫芦，就算过节，
　　　　　他一日那三餐窝头咸菜么就着一口大碗茶。
　　　　　啊，世上的饮料有千百种，也许它最廉价，
　　　　　可谁知道，它醇厚的香味儿饱含着泪花。
　　　　　……

故乡是北京

爸爸的作品简洁明了，朗朗上口，深受大家的喜爱。其中原因，是因为他理解了中国文化，他把艺术的根脉深深扎根于中国文化的土地，所以，他能感受到这片大地的呼吸与脉动。

当时这批京味歌曲流传很广，很多在海外的朋友都很喜欢。有一个远嫁美国的朋友说，每次听到《故乡是北京》这首歌时都会掉眼泪，但她并不是北京人，我想可能是因为在海外游子的心中，这里所唱的北京，就像是祖国母亲了。

> 走遍了南北西东，
> 也到过了许多名城，
> 静静地想一想啊，
> 我还是最爱我的北京。
> 不说那天坛的明月，北海的风，
> 卢沟桥的狮子，潭柘寺的松；
> 唱不够，那红墙碧瓦太和殿，
> 道不尽，那十里长街卧彩虹。
> 只看那紫藤古槐四合院，
> 便觉得甜丝丝脆生生京腔京韵自多情。

老爸和谷建芬、蔡国庆在一起。

姑姑（左三）姑父（右二）和我们一家。

不说那高耸的大厦，旋转的厅，

电子街的机房，夜市上的灯；

唱不够，那新潮欢涌王府井，

道不尽，那名厨佳肴色香浓。

单想那，油条豆浆家常饼，

便勾起细悠悠蜜茸茸甘美芬芳故乡情。

　　据说在广西举办的首届"刘三姐"杯民歌大奖赛上，进入半决赛的20名选手中，一半以上选唱的都是这首《故乡是北京》。不过这也有点过分了。

雾里看花 "打假歌"

上个世纪八九十年代，电视上晚会很多，爸爸参与策划、撰稿的也很多，他的作品就更多，几乎每个晚会上都会有他的一两首歌，《雾里看花》就是那时诞生的。

当时中央电视台为搞一台纪念《商标法》颁布10周年的晚会，请爸爸策划，其中有个片段是打假的，要写一首"打假歌"。

老爸想，直接写太麻烦了，那时假冒商品最多的是化肥、农药等，但总不能写"化肥是假的，农药是假的，皮鞋是真的"吧，想来想去，突然想到川剧《白蛇传》中韦驮踢"慧眼"的情节，灵感一闪，"识别真假也得有慧眼啊"，于是"借我一双慧眼吧，把这纷扰看个清楚……"就顺应而出了。

这首歌最早就叫《借我一双慧眼》，大家唱着唱着嫌麻烦，干脆就用第一句的歌词代替，于是歌名就成了《雾里看花》了。

> 雾里看花，水中望月，
> 你能分辨这变幻莫测的世界，
> 涛走云飞，花开花谢，
> 你能把握这摇曳多姿的季节。

20世纪80年代末老爸和师胜杰

烦恼最是无情夜，

笑语难道说就是亲热？

温存不见得就是体贴。

你知道哪一句是真，哪一句是假，

哪一句是情丝儿凝结。

哦，借我一双慧眼吧，

让我把这纷纷扰扰

看个清清楚楚明明白白真真切切。

　　这首歌从一问世，可能就没有被看成仅跟"打假"有关，似乎超越了它本身，有人说它是描写男情女爱，卿卿我我；也有人说歌词里有"禅机"，能从中悟出人生哲理。打假打出这么多名堂来，已大大出乎爸爸意料之外。当人们唱这首歌时，谁会想得到，作者是在提醒你，时刻要小心假货啊。这可真成了雾里看花了。

20世纪80年代老爸第一次
获得"文华大奖"时留念。

但细品起来，这首歌的理趣不在其意境之下，体现出很高的说理艺术。

钱钟书说："理之在诗，如水中盐，蜜中花，无痕有味，体匿性存。""理"可以说是一种百姓文化，没有高低贵贱，"唱得都是曲，说得都是理"，"有理走遍天下，无理寸步难行"。事可大可小，但"理"上必须过得去。

爸爸把握这样一种说理的文化，用了一种美丽的意境，把"理"说得更轻盈灵动、富有美感。正是这些作品接近了普通人的内心，拨动了普通人的心灵琴弦，所以，它们在人们的心中留驻了下来，也许这就是老爸作品传唱不衰的秘密。

那阵子有的朋友和我开玩笑说："你们家老爷子真行啊，这么大年纪了还能写出如此缠绵的歌，是不是没事儿，在下雨天儿老跑到公园里'雾里看花'啊？"我心想了：我们家老爷子就算是真有这份儿心，也没这个胆儿啊。

戏歌有戏

20世纪90年代初，爸爸还有首歌非常招人喜爱。那是爸爸将他对京戏的熟悉与喜爱，与流行歌糅合在一起而成的《唱脸谱》：

……

　　蓝脸的窦尔顿盗御马，

　　红脸的关公战长沙；

　　黄脸的典韦，白脸的曹操，

　　黑脸的张飞叫喳喳

　　紫色的天王托宝塔，

　　绿色的魔鬼斗夜叉；

　　金色的猴王，银色的妖怪，

　　灰色的精灵笑哈哈。

……

这首歌是由天津来的小姑娘谢津唱开的。谢津对音乐的领悟非常高，嗓音厚且宽，底韵十足，深得大家喜爱，只可惜她过早地离开了这个充斥着一张张各式脸谱的纷乱世界，真是造化弄人啊。

1991年，为庆祝建党70周年，空政第四度排演歌剧《江姐》。

在1977年和1984年，《江姐》曾两次复排并进行公演。1977年演出77

韩红和老爸

严当当和老爸

场，1984年演出55场，仍然受到极大的欢迎。

《江姐》第四次复出，在全国各地共演出120场。

1991年6月30日，江泽民等中央领导同志观看了歌剧《江姐》，并与全体演职员合影留念。江泽民同志说："忘记过去，就意味着背叛。"

"都彭"打火机藏哪了

　　我大学毕业时没有服从分配，而是继续经营着自己在大学四年级时就开的小服装厂。妈妈对于我没有正式工作头痛不已，那时社会上的"个体户"还不是很多，觉得这样将来肯定没有保障。爸爸却好像一眼看到了未来，觉得今后"大锅饭"才难有保证，一定要靠自己发展。

　　后来不到一年，我又改行开了一家广告公司，开始经常接触电视台的一些部门，有时还会合作一些业务，或拍些广告及专题片。

　　因爸爸在电视台的人缘很好，碰上知道我是他儿子的，都对我很照顾，也让我尝到了当名人儿子的一点儿甜头。工作顺了，接触的也就更多些。

　　后来，电视台的一个工作人员跟爸爸开玩笑说："阎老，我们台能有半个台的人认识您，但认识您儿子的比认识您的还多。"这话让爸爸吓了一跳，回家赶快问我，我说，那是玩笑话，当不得真的。

　　那时工作忙，回家并不勤，偶尔碰到老爸，他那时开始管我叫"少爷"，一见我回家，就说："哟，少爷回来了。"

　　我就回答："啊，阎老，您亲自在家啊。"于是父子俩又得互相吹捧一阵儿。那时候我们俩聊的最多的是当时很流行的武侠电影。

　　老爸给我讲过一个片子叫《少林三十六房》，说得神乎其神，把每一房都讲绝了，使我"胃口"大开，跑去一看，不过尔尔，很是失望。我给爸爸

也讲过一个《飘香剑雨》，也给他说的直"咂摸"嘴，还特意找来看，过后我问他如何，他摇摇头说没有我讲得好。我们俩异口同声地说："看来咱们父子都是讲故事的高手。"

随着王朔同志小说的普及发展，社会上开始大兴调侃之风，就像掀起了一场批评与自我批评的大运动一样。而且有一批原本意义上的文化人，像很多识文断字的知识分子也都竞相往"糙"了发展，"牛×"、"傻×"的满嘴脏话。大家看得多了，虚头巴脑的人也就更多了。

老爸每和我聊至于此，总会说起某一种人：这种人的最大特点就是对你极度热情，暖人心窝子的话恨不得能在你身上烫起一溜儿小泡，当然这种热度仅限在嘴上。

比如，你要是找到他想要两张晚会的票，他立马摆出一副懊恼不堪的神情说："你怎么不早来5分钟啊？我一直给你留着，以为你不要了呢，才刚刚给了人，你早说一句啊！5分钟！怎么就不早来5分钟啊？"

看着他那种"实诚"的夸张表情，你恨不得抽自己两个大嘴巴，好像去晚了是自己犯了多大的罪过似的。其实你什么时候去找他，都会是晚了5分钟。

因生意还不错，我也就开始了一些高消费，很早就买了BB机、大哥大，也买了些高级西服，当然也没敢忘了老爸。我给他买的第一份礼物是个六千多元钱的"都彭"打火机，因怕他用起来不舍得，还特意多配了不少专用油和火石。

20世纪80年代老爸和蔡明

我把打火机递给爸爸，他乐呵呵地跟妈妈说："看见没有，儿子不错吧，光瞧包装，就知道这打火机肯定好用，估计得好几百块吧。"

我怕妈妈骂我乱花钱，就笑着点点头应付，并叮嘱爸爸一定要用。

那段时间爸爸还真爱用这新打火机，出门就带在身边。有一次，他去中央电视台录制节目，抽烟时拿出打火机，"当"的一声点着，旁边一位工作人员说："阎老，您这打火机可真够高档的。"

"是吗？"爸爸得意地说，"儿子孝敬的。"

"好家伙，您儿子是大款吧。这少说也得六七千块。"

"啊？不会吧。"爸爸"惊"着了，就像被打火机烫了一下似的。

后来，在特意问了我知道真的那么贵后，再也不舍得用了，怕弄丢了心疼，就收了起来。前两年，有一次又说起这打火机，爸爸说："我就怕把它弄丢了，于是藏了起来，结果是，藏到了一个连我自己也找不着的地方了，当然这更说明一个真理：一个共产党员藏起来的东西，是八个你们也找不出来的。"

妈妈曾说，爸爸就习惯穿破衣服，给他好的还不爱穿呢。我看这话不太准确。

我给爸爸买的名牌衣服，他穿的也挺好，只不过，他老人家能把名牌服装穿出朴素的感觉来。在他那，有没有什么牌子都一样。

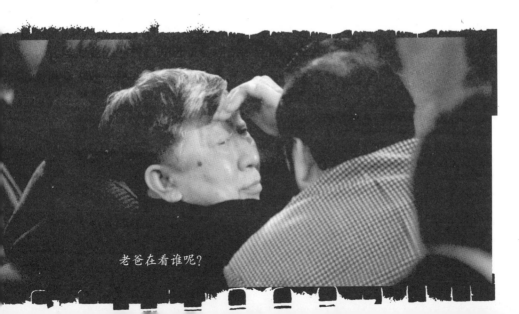

老爸在看谁呢？

不精彩的地方没讲

老爸这是说书呢！

和写歌词、搞晚会等相比，我更喜欢看老爸创作戏剧。也可能由于不仅写戏辛苦，更重要的是排演戏剧就如同一项系统工程那样不容易，因此他写戏是越来越少了。

老爸在近些年写的最后一部戏是1991年创作的大型民族歌剧《党的女儿》，也因此荣获了全国"文华奖"。

这部大型歌剧是总政组织的，开始时剧本写了12稿都没有通过，于是老爸被借调到总政重新写剧本。由于时间很紧，在总政首长来审查时，全剧6场戏只排练出第一、四、六场。为了使首长能连贯地了解剧情，就在演完第一场后由我爸给大家讲第二、三场；讲完，接着演第四场；然后再由爸爸讲第五场，最后演第六场结束。老爸说，他当时就像个"说书先生"似的，听得大家都鼓掌叫好。

后来等全剧排练好了，领导又来审查，看过之后，对我爸说："老阎，那几场后来排出来的，怎么没有你当时讲得精彩啊。"

爸爸开玩笑说："那是因为我讲的都是精彩的地方，不精彩的没讲。"

杜鹃花呀杜鹃花，

花开满坡满山洼；
心似火焰红彤彤，
身似白玉玉无瑕。
杜鹃花呀杜鹃花，
默默无言吐春芽；
风风雨雨压不倒，
清香万里送天涯。

评委席上的姜昆、王宏伟和老爸

　　这首歌词是《党的女儿》的序曲，老爸在写完红梅花30年后又写杜鹃花了。

　　《党的女儿》公演后，江泽民等党和国家领导人观看了演出，并评价说："歌剧《党的女儿》给我们上了一次生动的党课，我们的党，我们的人民军队，只要始终密切联系群众，就永远不可战胜。"演出后，与演职人员合影留念。合影时，爸爸站在江泽民同志身后。

一项世界纪录

一次，我翻看家里的老照片时，跟老爸说："毛主席和江总书记，分别看了您创作的《江姐》，合影时您还都是站在同一个位置，这也算得上一项世界纪录了吧。"爸爸哈哈大笑。

我又鼓励爸爸说："您努努力，再写一部戏吧，和我们第四代国家领导人也合个影啊。"

老爸笑着说："合影是提前照了，但七十多了，实在是写不动啦。"

"您哪儿会老啊，您离老还早。"

老爸一听更笑了，因为我是用了句他写的《老年进行曲》的歌词：

> 谁说我们年老，
> 我们离老还早，
> 阅罢沧海桑田，
> 今日风光正好。
> 踏遍青山识大道，
> 一路霜雪经多少，
> 人更豁达心更壮，
> 胸中容得万顷涛。
> ……

不过，我真觉得爸爸永远都不会老。要不他怎么写得出《走在大街上》呢，连我都觉得很新潮：

　　　　走在大街上，和风暖洋洋，

　　　　两边望一望，处处是春光；

　　　　走在大街上，心情多欢畅，

　　　　处处鲜花开路旁，排排绿荫送清香。

说起奖杯如数家珍。

　　……

　　　　伙伴莫叹息，朋友莫彷徨，

　　　　强者走天下，踏碎冰雪霜。

　　……

　　　　拨开云和雾，东方见曙光，

　　　　睁开你双眼，迎接新太阳；

　　　　带着微笑看世界，为了幸福和希望。

金红的玫瑰摘下一朵

姐姐的婚事一直是妈妈心中萦绕不去的遗憾。

小时候很讨厌我的姐姐，长大后却变得和我挺亲近。

记得我刚上幼儿园时，姐姐逢人就说我是捡来的野孩子。等长大后，才发现我的体貌、性格、智力、脾气都像极了父母。可以说，爸爸和妈妈身上所有的优缺点都集中在我身上了。我和爸爸在一起，谁都说像；要是和妈妈在一起，人家也会说脸型和神态像。

但姐姐可就怪了，一点儿也不像爸爸妈妈，而且是哪儿都不像，使我不得不怀疑，她是不是抱错了啊。

姐姐人长得漂亮，在上大学后，追求者众多，且大多是研究生、留学生一类的，妈当时作为"参谋长"，都快挑花眼了。可恋爱这事儿，真不能以常理度之，大家都认为好的，当事人可能瞧不上眼；大伙儿全看不上的，没准还被人爱得死去活来的。

姐姐就是这样，就因为那人能陪她打桥牌。姐姐自从大学快毕业时迷上桥牌后，这几乎成了她一生唯一的爱好。她很早就拿过全国冠军，又进过国家队，得过一堆奖杯、奖牌的。所以，能陪她打桥牌，竟成了最重的砝码了。

爸爸为人谦和，不会因为谁其貌不扬而轻视，虽说偶尔会放出一两句

"哈哈"调侃之词，但不会真的给人压力；也不会因为某人没什么本事，穷光蛋一个，就全盘否定。老爸觉得，只要人品好就好，其他都是小事。他对人的要求，真是到了清汤挂面的境界。

后来，姐姐终于没有听妈妈的话，还是和那人办了登记手续。妈妈也只好听之任之了，女儿总不能不要啊。

在这种情况下，婚礼也就"稀里马虎"了，只是家里人象征性地在一起吃了顿饭，就如同吃了一顿"工作餐"似的。

饭桌上，妈妈的心情我不太知道，或许还是有些酸涩吧，但爸爸明显没有丝毫的不满，红光满面的，还给姐姐他们朗诵了一首即席作的诗《金红的玫瑰》：

> 金红的玫瑰，摘下一朵，
> 我祝福你们，也祝福我；
> 芬芳的心香，袅袅生起，
> 我祝福你们，也祝福我。
> 相逢是缘分，有缘莫错过，
> 茫茫人海里，知音最难得；
> 我祝福你们，青春永欢乐，
> 好运时时有，成就日日多。
> 掌声会过去，鲜花会凋落，
> 唯有好心愿，彼此能寄托；
> 我祝福你们，年华永不老，
> 下次再相会，一定更快活。

听爸爸念完，姐姐已被感动得"一塌糊涂"了。

饭后，爸爸又在我们的起哄下，唱了首英文老歌 《when we were young》，唱得可好听了。

9年后，姐姐离婚了，事实证明，还是妈妈的眼光正确。一直以来，年轻人总是因为不听父母的话而付出代价，但如果这代价是青春的话，那未免真是很遗憾了，可人生大多又都是这么过来的。

为啥称呼"阎老肃"

说起阎肃这名字，小时候可没少让我头痛。

那年代在中国的街道上，没有广告牌，有的只是标语牌，大多数还就只是那八个大字：团结、紧张、严肃、活泼。

小孩子们呢，也没有其他本事，遇到别的小孩儿家长的姓是跟"名词"或常用词谐音的，或怪点儿的，他们就能反复不停地喊叫个没完。比如姓石的基本上就被冠以"石灰婆"了，你要不拿出点儿强有力的方法制止，他们能喊上一年。

"严肃活泼！严肃活泼！"知道我爸爸名字的那些孩子一见我就喊。为这事儿，我没少和他们打架。我每次因为这事打架而被老师罚站时，心里就嘀咕：爸爸可真坏，干嘛叫这么个名字啊。而且哪儿一出事，广播里还准要说：一定要严肃处理！您忙得过来吗？

从我记事起，听别人称呼老爸就已经是"阎老肃"了，也不知为什么中间要加个老字，也许是出于尊重，也许是因为爸和我都属于年轻时就显得"面老"的人。

十七八岁时，看上去像二十多岁；二十多岁时，像三十多的；一直要等到真的四十五六岁时，面相才终于接近实际年龄了。好在从这儿以后也不怎么变了，倒是能在后半辈子经常被人夸年轻了。

改革开放后，开始尊师重道，全社会互称老师，于是对爸爸的称呼改为了"阎老师"。再过了些年，进而成了"阎老"。进入上个世纪90年代后，老爸基本上被官称为"老爷子"了。

成为了"老爷子"后，老爸就常念叨自己已入"耳顺"之年，什么话都能听得进去，不慌不乱，当然同时也就能坦然地接受各种吹捧、马屁之声了，倚老卖老嘛。

来家里看老爷子的人不少，大多是又客气又恭敬，赞美声不断，老爷子于是乎也顺着"高音"云里雾里的转一圈儿，得意之余哈哈大笑。有时我恰

于洋（右一）和老爸

巧遇到，也会在一旁暗笑：人老了，就真像小孩了，何况老爸这种从未真正脱去过童真的呢。

老爷子乐是乐，并不"晕"，有时客人走后，他会说："我哪有那么'高'啊，那说得也忒神了，哪有的事啊。"

　　我一听，遂上前搂肩搭背地"拍"上几句："还是阎老行啊，马屁拍到您这儿都没什么用，您永远是两字——清醒。"

　　"那当然，我现在就像那'入定'的高僧，不是清醒，而是很清醒。"

　　"没错，老爷子这水平就是不一样。"

　　"哈哈，"老爷子立马明白过来，"你小子少来唬我，不过话说回来，这好话谁不爱听啊。"

　　"您哪！"

　　"别，我爱听着呢。"

国宝一级的"老爷子"

不是不行，而是根本不行

爸爸对找他帮忙的人总是本着能帮则帮的原则，但对于来"求师"的就略显冷淡了。

一直以来，有不少想在歌词界发展的年轻人会将作品寄给老爷子，希望能得到指点、修改，更希望能帮他们推荐出去；还有一些直接上门请教的，但老爷子对此并不太热心，有时还会泼泼冷水。

对于请他帮忙改"作业"的，他干脆哈哈地说："不是不行，而是根本不行。"对此我开始有些不解，会问："老爷子啊，你就帮人家改改又怎么了。"一听这话，老爸立马正经起来了，说："其他事都好帮，但艺术创作上没法帮。"

老爸认为，在创作这个领域，必须要靠自身的积累、用功、努力，而且一定要经过投稿、退稿、修改、再投、再退、再修改这个过程，谁闯过去了，谁就能成功。如果仅仅想靠一两位名家指点指点，推荐推荐，就算这个作品名家帮他改好，推荐出去用上了，又能说明什么？而且以后呢？你不照样还是没自己的真本事吗。

"生活不会欺骗你，不会亏待任何一个人，也不会对哪个人过分地眷顾。今天你吃了一斤糖，没准明天就有一斤黄连等着你去吞！"爸爸经常对我讲："要想甜，加点盐。学会让自己吃苦。"

老爸很信这句话。他认为的生活，一是认真观察思考生活，刻苦学习各方面的知识；二是老老实实地全身心地投入艺术实践。结果肯定是投入多少收获就有多少。

有一次，军艺礼堂几百个穿军装的半大孩子听得入神。台上，鹤发童颜的老爸在给他们讲"艺术与人生"。

爸爸一共只讲了10个字："依"、"意"、"逸"、"谊"、"艺"；"敲"、"悄"、"巧"、"俏"、"瞧"。前面5个字说的是人生。

"依"：你要知道依靠组织、相信组织；

"意"：你要明白所从事的事业意义在哪里；

"逸"：永远不要贪图生活安逸；

"谊"：一个人什么时候都要讲情谊不脱离群众；

"艺"：术业上要有专攻。

后面5个字是讲艺术的。

"敲"：你要找到"敲门砖"，知道在哪里使劲；

"悄"：悄悄积蓄你的本领；

"巧"：不要走别人的老路；

"俏"：你的艺术表现力要生动；

"瞧"：最后你的表演要有很多人来看来瞧，这样你就成功了。

10个汉字意味深长，80年人生真情告白。

爸爸没有靠家庭，没有靠其他什么人，就是靠自己的努力，做到了今天的成就。他也曾把自己的一点心得总结为 《写词一得》：

构思词时，总先想想／意境可深，受众可广／角度可新，韵味可爽／情感可真，力道可奘。

读万卷书，行万里路／厚积薄发，唯实是务／捷径勿图，心中有数／身体力行，大有好处。

他曾说，中国的许多年轻人什么事都想学美国青年，只有一样不学，那就是自立。美国青年大多在进入大学后就开始勤工俭学，拼搏奋斗了；而国内的年轻人，拈轻怕重，习惯了伸手、依靠，有的到结婚、生孩子时，还依赖父母呢。

你知道长城有多长

　　的确，现在社会上走"捷径"已成了风气。自认为只要认识一两个当官的或名家，帮着说说话，就能达到事半功倍的效果，当然有人也真的做到了。但可能也仅仅能维持一瞬间，自己要是没真本事，穿上龙袍也像不了太子。

　　要想做出好的成绩，写出好的作品，还是要多付出努力才最为现实。像爸爸写的《长城长》，要是没有厚实的文学底蕴可真是写不出来。

　　　　都说长城两边是故乡，

　　　　你知道长城有多长，

　　　　她一头挑起大漠边关的冷月，

　　　　一头连着华夏儿女的心房。

　　　　都说长城内外百花香，

　　　　你知道几经风雪霜，

　　　　凝聚了千万英雄志士的血肉，

　　　　托出万里山河一轮红太阳。

　　　　太阳照，长城长，

　　　　长城啊雄风万古扬；

　　　　你要问长城在哪里，

　　　　就看那一身身绿军装。

……

这首由爸作词、孟庆云作曲的《长城长》获战士最喜爱的军旅歌曲奖和全军文艺奖。

《长城长》在咏叹之中，字里行间透出大赋气势。三问三答，句句意味深长，勾勒出一个深入无限空间和时间的长城，映照出一个与时空一样广阔的心灵世界。

《长城长》既是说理，又是抒情，在与理性的对话中，抒发着军人的家国情怀——所有的牺牲，都是为了我们美丽的家园。

后来爸爸又写了它的姊妹篇《黄河黄》、《长江长》。好家伙，整个绕了中国一圈儿。

有专家评价爸爸的歌词是白话不白，大白话里又透着古诗词的韵味，在艺术上是最随意、最自然的流露。但就是再"白话"，爸爸受古诗词的影响还是很大，像他就写过好几首从一排到十，又从十回到一的歌词。如歌颂空军的《天兵》：

> 一轮朝阳起，
> 两翼穿云随，
> 三尺红霞铺坐垫，
> 四季清风身后追；
> 五音鸣天籁，
> 六弦手一挥，
> 七彩长虹开大路，
> 八方呼啸卷惊雷；
> 九万里山河收眼底，
> 十万丈高空显英威。

……

"申奥"未成"认赌服输"

经过十几年的改革开放，中国的综合国力有了显著提高，同时也开始谋求在国际社会上享有更高的威望和声誉。在这种大环境下，北京开始了第一次申办奥运的工作。

当时北京乃至全国人民，对"申奥"都怀有极高的热情和信心，绝大多数人都认为第一次"申奥"一定会成功，这当然也源于国有体制下而产生的一种固有的思维观念。

爸爸也是，他信誓旦旦地说："申奥肯定能成功，都已经'定'好了，那跑不了！"他固执地认为，他所信奉的组织和政府决定要办的事，就肯定没有不成功的。

我却认为第一次申办成功的机会不大，当即和老爷子打赌100块钱看谁能赢。他很爽快地应战，觉得我简直如同一只笨鸟往枪口上撞。

在全国人民沸沸扬扬、热热闹闹大搞"申奥"之际，老爷子也为申办添了一把柴，创作了一首《五星邀五环》：

"一首歌就是一个小小世界。"爸爸说，"我不敢说我的作品能够改变世界，但却潜移默化地影响着人们的思想情感。"

1992年9月4日晚，第七届全运会开幕式在北京主会场举行。韦唯、刘欢、韩磊一曲《五星邀五环》响彻环宇。这首七运会会歌就是由爸爸作词、孟庆云作曲的。

早在头一年8月，七运会组委会组织了四五十位著名的词曲作家到北京的运动队、体育场馆深入生活，为创作七运会会歌做准备。然后，把他们拉到密云水库一处静谧的地方闭门三日，让他们每人围绕七运会至少写一首歌出来。

爸爸想：这七运会非比等闲，它是北京申办2000年奥运会的最后一搏。它的主题在于"办好七运，申办奥运"。会歌的主题不应该离开它。这么一想，"五星邀五环"五个大字就跳到了他大脑的"屏幕"上：

　　"五星邀五环，北京连四海，

　　中国正开放，长城敞胸怀……"

这"五星"代表中国，"五环"代表奥运会、奥运精神和弘扬奥运精神的各国运动员。一个"邀"字，便把开放的中国盼奥运的精神凸现出来。最后，组委会一致确定爸爸作词的《五星邀五环》为七运会会歌。这首歌本来是为我国第一次申奥写的，但第一次申办没有成功，因此有了第二次申办。

这首歌当时被定为"申奥主题歌"之一，弄得老爷子底气更足了，每次见到我，都会劝我不如先认输算了，说认输了可以少收50元，我却坚持着。

在奥委会宣布结果的那天晚上，北京电视台特意搞了台同步现场直播的晚会，老爷子参与了晚会的策划，为以防万一，特为晚会准备了两套方案：一是欢歌笑语，舞龙舞狮地大肆庆祝；另一是简简单单，总结经验再接再厉。

当时晚会与投票现场一直是同步进行的，开始是一些歌舞等垫场节目，不过因当时的通讯条件有限，晚会也只是通过直播的电视画面，注视着那边投票现场的情况。

随着几轮投票下来，现场气氛越来越紧张，最后轮到奥委会主席萨马兰奇先生宣布最终投票结果，这时晚会的主创人员们也都紧张地盯着电视屏幕。

"老萨"上了台，并没有像中国人的说话习惯那样，直接宣布获胜城

市，而是先客气地称赞了积极参与申办的其他几个城市，像北京等等。可是他的这一说话方式，让晚会现场这边都不太精通英语的人们全误会了：看着"老萨"上台，开口后不久就念出了"BEI JING"这个单词，大家英语再不行，但这个词总是听得懂的，一听"BEI JING"，大家立时沸腾了，都以为"老萨"是在宣布胜出城市，哪想得到是这位老先生上来先说的客气话啊。

现场一乱，更没有人听"老萨"后面的话了，晚会导演立刻和老爸来了个热情的拥抱，并大喊着："阎老，咱们成功了！"于是，准备好的"狮子"们舞着上了台，锣啊鼓啊敲得山响，大家那份高兴劲就别提了。

父子情深

老爷子也开心，但终究上了岁数的人多了几分沉稳，他又多看了几眼那边的电视直播，越看越觉得不对，先是觉得这些外国人也太友好了，咱们北京赢了，他们怎么也那么高兴啊？再看中国代表团也显得太谦虚了，也不笑。再后来，荧屏上中国代表团里有人开始哭了，老爷子明白过来了，赶紧叫停。

经过了几分钟的热闹又恢复了平静，锣鼓停了，"狮子"们也下了台。主持人上台简单说了几句第二套方案的台词后，晚会草草收场。

那年"申奥"没成功，让很多人都很失望，更有人气愤地说，以后再也不申办了。老爷子在事后倒显得很豁达，说："输了就是输了，要输得起，以后再来嘛，又不是这次奥运结束地球就不转了。要真是不转了，也就真不用再申办了。还转，咱们就还有机会。"

老爷子说得很豪迈，认赌服输的劲儿就像刚从澳门葡京回来似的，可输我的那100块钱，到现在我也没拿着。

8年的苦苦准备，爸爸和所有的中国人一样，这个梦做的好长好长。在北京第二次申办奥运的时候，奥林匹克风，奥林匹克梦，让爸爸把积蓄已久的激情化为音符共同绽放，用音乐沟通出奥运精神的力量和中国的壮美，创作了《同一个世界，同一个梦想》这首热情豪迈的奥运之歌的歌词，向世界传递了中国的声音，唱出了中国人民世代友好的博爱精神。

痴迷电脑游戏有高招

20世纪90年代初期，国内开始兴起游戏机热。"任天堂"当时誉满全国，著名的游戏有"坦克大战"、"魂斗罗"、"超级玛丽"等很多种，我也把游戏带回家，给老爷子买了一套。他喜欢得不得了，一空闲下来就玩会儿。

开始时爸爸也喜欢玩打仗和那些难度比较大的，但玩"魂斗罗"几个回合下来，老爷子发现自己已不太擅长"摸爬滚打"、"摆枪弄炮"了。而像"超级玛丽"那样蹦蹦跳跳、躲躲闪闪的，他也觉得力不从心，不能保持长时间都那么身手敏捷。而且某一"关"中有一个大沟，他怎么也跳不过去，经常胳膊、腿都跟着使劲儿，快把手柄连线拉掉了，还是跳不过去，老爷子只好放弃了。

对游戏痴迷的人很多，我有一同学和他爸爸就属于这种狂热的发烧友。听说他们父子俩一起玩一个非常难的游戏，他们一关一关地打下去，但被一个关口卡住了：有个暗堡怎么也打不下来。一个月下来，把这父子俩急得抓耳挠腮的，直到吃不好、睡不好的地步。好在皇天不负有心人，一天深夜，同学的爸爸又玩到这暗堡前，机缘巧合地随手一摁，误打误撞地摔在一个沟里，竟然躲过了暗堡里射出的子弹。就这样"灭"掉了暗堡过关了。同学爸爸高兴坏了，也不管已是凌晨3点，还是立刻把儿子叫醒，告诉这一特大喜讯。

和他们比起来，老爷子在玩"电游"上，就属于遇困难就退的那种了，凡是难掌握的，他就玩得少；那些容易的，好操作的，老爷子就越玩得得心应手。有些"玩"熟了的，再加上点技巧，就更得意异常。

老爷子当时玩得比较多的，是"俄罗斯方块"，玩得越来越熟，有时遇到我回家，他就越发要"表演"、"表演"，故意夸张地摆动手臂，做出各种高难度的动作。

他有时也会拉着我，让我从头到尾演示一遍"超级玛丽"的过关。在我玩儿时，老爷子站在身后，比我还紧张，看到新的画面或怪物时，都大呼小叫的，害得我经常出错，他却哈哈大笑、幸灾乐祸。

老爸不是每次都穿着军装打游戏。当然，这也可以提升他的战斗豪情。

再几年后，社会上又开始流行电脑游戏，我就给家里买了台电脑，老爸又开始迷上了电脑里最容易上手的纸牌游戏——空当接龙。这一"迷"就是好多年，直至今日。

老爷子玩"空当接龙"，据他自己讲已到了出神入化的地步。每天不忙

时，或忙中偷闲，都要玩一会儿，喜爱程度到了就像那是每日必做的功课。

回家时常会见到老爷子坐在电脑桌前玩得津津有味。若我站在他身后，观看一会儿，老爸还要摆出一副莫测高深状，俨然一位武林高手。而且他总会故意制造出些紧张空气，让我误以为牌已无路可退，正要大加嘲笑时，老爷子"嘿嘿"一笑，亮出几招早已计划好的雕虫小技，扬长而去，口中念道："山人自有妙计，非尔等凡夫俗子能窥豹矣。"我不得已只好跟着吹嘘几句。

老爸得意之余，总不忘"卖弄"一下他那些"惊人"的连胜纪录，开始我不明就里，一看吓一跳：这"连胜"也太多了，把把都开啊。后来我才知道，原来爸爸遇到解不开的牌时，他就把这副牌挂着，也不摁"结束键"，只去重新再开一局，这样电脑纪录上就继续着解开的盘数，那副解不开而挂在那儿的也就不了了之了。电脑还是比人傻。

老爷子的童心在看电视上更表现得淋漓尽致。他一直很爱看"港台"的枪战片，经常让我找来给他看。那时候，不像现在这样满街都是VCD卖，当时只有录像带和LD大碟，而且只在大的音像店有卖。我当时花了不少钱购置这些电影，拿回家给老爸，他看得也是激动异常，时而连声大笑，时而突然惊呼："哎哟，我的妈啊！"把在隔壁屋干缝纫活儿的妈妈吓一大跳，骂他道："你吓得我针都'跑'了，那么大人了，看个电视还喊来喊去的。"

"那个人一斧子把手指头'剁'下来了，好家伙，哎，你也来看看啊。"

"我才不看那些，再说，那谁干活儿啊。"

"看完再干嘛，急什么啊。"老爸说得很诚恳。

"得了吧，没给你缝好扣子，待会儿你又得瞎叨唠。"

"谁叨唠啊。"

"你就看你的吧。"

"我这不是心疼你嘛！"

"呸！你就知道嘴上说，就从没见你干过活儿。"

"哎哟！好家伙，这一枪又把眼珠子打出来了。"

"真讨厌！你又吓我一跳。"

含饴弄孙"功劳"不能跑

　　姐姐结婚后并没有想要孩子。她人比较懒，又贪玩儿，而且整天要打牌、比赛的，有孩子也照顾不来，甚至都想过一辈子就不要孩子了。可到了1995年，姐姐突然发现怀孕了，就跑到医院准备把孩子打掉。手术前做"B超"检查后，医生拿着片子说："你怀的是双胞胎啊！"姐姐觉得自己做不了主了，就给妈妈打了电话："妈，我怀孕了，医生说是双胞胎，您说要不要啊？"

　　"那当然要啦！"妈一听都快急了。

　　"那生下来，谁养啊？我可没时间管。"

　　"孩子都由我来管。"

　　就这样，孩子留下来了。但因姐姐事先没打算要孩子，也就没有去计划生育办公室体检并办理准生证等手续。现在怀孕后再去体检怕过不了关，就叫我找了个体貌相近的朋友，代替姐姐去体检并领取了准生证。

　　到了年底，姐姐生下了被妈妈保住性命的龙凤胎，因为早产了近两个月，孩子很小，男孩三斤一两，女孩还不到三斤。

　　妈妈和爸爸高兴得不得了。有些朋友听说后都来道贺，并给爸爸戴"高帽子"，说之所以家里能生下一对龙凤胎，都是因为您二位老人的心肠好，做好事多，常常积德行善，云云。把爸爸妈妈说得心花怒放，并认准了就是这么回事，也不管科学不科学了，把功劳堂而皇之地记在了自己身上。

孩子在给爸爸妈妈带来愉悦的同时也带来了操劳，"功劳"是两人的，但操心的事是妈妈一个人忙活。有时晚上怕影响爸爸休息，妈妈就带着俩孩子到楼下小屋去睡。爸爸也是真忙，又是策划春节晚会，又是撰稿啦，那几年他搞了很多大型晚会，像《红旗颂》、《回归颂》等等，还要应邀写歌词，忙个不停。

这张照片是姐姐（左一）刚生下龙凤胎时牛群给照的，参加过"牛眼看家"摄影展，题目叫《阎肃今天不严肃》。

《东海明珠》水晶球

孟庆云（左一）和阎老

1995年的春节晚会，当时是在全国范围内征集晚会歌曲，群众也很踊跃，共收到两千七百多首应征歌曲。但能用的不多，最后爸爸只从中挑出一首，就是《咱老百姓心里真高兴》，并帮着改完后请人谱曲。

可台里觉得这征集了半天，就只有一首也未免太少了，在晚会上也显得单薄啊，于是就由爸爸加写了一首，也算做评选出来的春节晚会歌曲，好在推出后还挺受欢迎，这首歌就是《万事如意》：

　　三百六十五个夜晚，

　　最甜最美的是除夕，

　　风里飘着香，雪里裹着蜜，

　　春联写满吉祥，酒杯盛满富裕。

　　红灯照，照出全家福，

　　红烛摇，摇来好消息；

　　亲情乡情甜醉了中华儿女，

　　一声声祝福送给您万事如意。

后来有朋友开玩笑说："《万事如意》明显是走了'后门'啊，你爸是自己选了自己的歌啊。"我笑笑，那倒真算是走了"后门"。但不走"后门"的也能拿奖，在参加上海电视台的征歌时，老爸和孟庆云合作的《东海

261

明珠》可就真是实打实的一等奖了。在全国范围内的评选中，这首歌被群众和专家均评为一等奖。

　　……
　　黄浦江头月色浓，
　　辉映着不夜城，
　　拂去沧桑霜露冷，
　　几度执着望春风。
　　……
　　捧出东海明珠，
　　映照出太阳红，
　　让炎黄子孙的热血，凝聚起我们的长城，
　　化作吴淞海上朝霞，给我上海光荣。

　　在颁奖典礼上，孟庆云跟爸爸商量说："阎老，待会儿上台领奖，如果需要发言就由您来讲吧，我上台容易紧张。"爸爸满口答应："没问题。"

　　一会儿上台领奖，奖杯是用水晶球做的，他们俩一人抱了一个。领完奖，也没有让讲话的样子，爸爸就往台下走，等快走到台口时，主持人突然把走在后面的孟庆云给拦住了，非要让他和观众说几句。爸爸这时就听见"咚"的一声，回头一看，是孟庆云一紧张把水晶球掉到地上了。

　　因水晶球挺沉，砸在木制舞台上声音听起来很响，爸爸心说：这可不怨我啊。

　　主持人赶快帮着把水晶球捡起来交还给他，爸爸憋着乐紧走了几步，到了台下，回头看到孟庆云红着脸说："同志们……"紧接着又是"咚"的一声，球又掉地上了！

胃口奇佳

老爸近照

说起爸爸的胃口，那真只能用北京的一句土话形容：简直是"没治"了，基本上就到了没有他不爱吃的东西的地步。

我小时候还以为是因为妈妈做菜手艺好，所以老爸才那么能吃。后来才慢慢发现不尽然。祖国各地，大江南北，不管是高档餐厅还是普通饭馆，单位的大食堂或者下部队的招待饭，老爷子到哪儿，都是胃口奇佳，一通狂吃，而且几十年如一日，直至今日，还是那么"来者不拒"的，真是厉害。

老爸一直以来就是爱吃饺子爱吃肉，说什么白菜猪肉饺子一天三顿不烦，五花三层红烧肉吃多少都不腻，还有红烧肘子，四喜丸子，天福号的小肚、酱肉等，他都喜欢得要命，是真不怕腻，有时还专捡肥的吃。

上了岁数以后，妈妈会时常提醒他要注意胆固醇等问题，少吃油腻的东西，可老爸答应归答应，吃起来时就全忘了。他还总是把几种菜同时都放到碗里，搅和在一起，吃得狼吞虎咽的。妈妈说，那么吃还能吃出菜味来吗？老爸却说，就这么吃才最香。

他也喜欢吃面条，基本上是两个做法，一是炸酱面，老爸喜欢妈妈做的酱，比较淡，鸡蛋和肉丁也放得更多些。吃的时候，他故意摆出很"老北

京"的样子，边吃边指点我说："你怎么也不放'菜码'啊？那还叫吃什么炸酱面啊！"说着把一碟碟的黄豆芽、黄瓜丝、萝卜丝等都"扒拉"进碗里，吃得又香又快。另一种就是牛肉面，妈妈要先做好一锅红烧牛肉，再煮上面条。爸爸这时有讲究了，一定要吃宽条的，也不知他从哪儿学来的，还总嘲笑我说："你吃的那种细面条根本就算不上牛肉面，正宗的全是宽的。"

和老妈一起吃饭时老爸总是"一扫光"，胃就成了"垃圾桶"。

爸爸一直很爱吃松花蛋，他称之为皮蛋，是南方的叫法吧。每次和他一起出去吃饭，我都会点上一小盘姜汁松花蛋给他下酒。

但老爷子自己念叨最多的还得说是豆浆、油条。老爸说，刚参加革命在部队时，最想的就是油条了，常想着等以后条件好了，要弄它一抽屉油条慢慢吃。

在我们大院的食堂，每周三的早餐是豆浆、油条。直到现在，爸爸依然是一到那天，再懒也会爬起来去食堂吃早饭。

有一年，我和几个香港的朋友在上海吃"永和豆浆"，觉得挺好，就想起老爸肯定也喜欢吃。因那时回北京的时间不多，以为北京没有这个店，还和朋友说以后要带我爸来上海吃一顿这里的油条。朋友不解地说，北京也开了很多家，干吗要去上海？我这才知道。

回北京后，真的带老爷子去了一家店吃，他说，的确好，就是人太多了。以后就没再去。

要是说出一样老爸不爱吃的，那就只能说是他自称的：他不吃红烧羊肉。老爷子不止一次地宣称，自己从小就不吃羊肉。但妈妈采取的对策也很简单，就是如果做了一盘红烧羊肉，告诉老爸是牛肉就行了，他根本就分不清，照样愉快地"一扫而光"。

在中国很多家庭的饭桌上，都会有一位负责"打扫战场"的人，老爸在家里就是经常完成这一光荣的任务。他说，他的胃就像一个垃圾桶，多点儿少点儿都能装得下；还说，厨师最高兴的，就是做的菜被全部吃光，所以最好别剩。妈妈要是说哪个盘里就剩这么一点儿，谁能吃干净啊？不用问，准是老爸"上"了。有时还真担心他会吃撑着了。

▌阎爷爷，您又错了

爸爸这些年因为常上电视，我说他都快成电视明星了。

开始是有一些访谈节目要他去做嘉宾，爸爸碍不过朋友情面，都是尽量去捧场。老爸好像天生就有面对镜头的能力，从不紧张，一味乐呵呵的，谈笑自若。这时老爸知识面广的优势也就显现出来了，什么领域都能谈上三五句，而且还都能说到"点"上，让观众看着不烦。

爸爸偶尔在家里也会自我吹嘘一下，说像他这样五花八门，样样都知道的，并都能说得出"道道"来的，还真不多，靠的就是平常多读书、多看报。

这点我还真是很佩服他，虽不敢说老爷子上通天文、下知地理的，但是世界上发生的大事小情，他还都能知道，你就是说出最新潮的一些港台小新星，他也居然耳熟能详。当然也有"马失前蹄"的时候。

在第九届中央电视台青年歌手大奖赛上，爸爸做文学素质评委。比赛间隙，彭丽媛和蒋大为都和爸爸开玩笑说："阎老师，您怎么老是给那些好看的女歌手打高分啊，对人家那些男歌手就尽是挑毛病。"

"哈哈。"爸爸笑了。

比赛继续进行，正巧上来个男歌手，爸爸回头看看彭丽媛他们，故意对着那男歌手露出温暖的笑容。

当时的题目是问："《水浒》一百零八条好汉中有哪三个？"那男歌手

孩子们中间的老爸

答说："宋江、晁盖、林冲"，爸爸这时正保持着微笑状，脑子里尽想着要对男生好呢，想都没想就表示：正确。

不想，不到两分钟，现场打进来好几百个热线电话，有小朋友说："阎爷爷，您错了，晁盖早死了。"哈哈，爸爸赶快纠正。

这男歌手下去后，又上来一个漂亮女孩儿，爸爸一看，心想，不能对她宽松啊。题目是："《清明上河图》是哪个朝代的？"这女生答："宋代。"不巧的是，这时屏幕上显示出的标准答案搞错了，写着明朝，爸爸想都没想，顺嘴就把漂亮女生否定了。于是又有几百个电话打进来："阎爷爷，您又错啦！"弄得爸爸又赶快更正。

爸爸回家后说："人民的眼睛真是雪亮啊，小孩子们的眼睛更亮。"

老爸对电视台的工作还是很认真的，也不会因为事大事小而有所不同，只要是他答应的事情，就一定会本着对电视台、对观众负责的态度认真准备。

有一届青年歌手大奖赛爸爸作为嘉宾，每天要到现场参加直播，他都精心准备，不辞辛苦。一天去电视台的路上，突降暴雨，不巧的是，送老爸的车还意外的坏了。这时路面的积水已经很深了，而且路上根本没有出租车，老爸看时间也已经来不及换车，为了不耽误直播，就干脆下车冒雨徒步向电视台走去，浑身全湿透了。好在没走多远，有一位好心的司机认出老爸，就主动把他送到了电视台，大家都很感动。

浑身浴液也签名

随着中央电视台举办的几届青年歌手大奖赛，每届都请爸爸担任评委或嘉宾，在电视上露面的机会也就更多，弄得很多老百姓也开始认识他了。有时出门，经常会被周围的人认出，拿他当明星一样，向他索要签名并合影留念。

有一年，爸爸同几位作家到贵州遵义采风，在赤水市金沙桫椤保护区内。这是一个连手机信号都没有，甚至连有线电话都难找的穷山沟，爸爸竟然还多次被脚夫认出。他不无感慨地说："由此可见这里的人们都很关心文化，这就有了文明的希望。"

这一两年，我和爸爸出去吃饭，总会遇到邻桌的人向他热切地张望，而且爸爸天生一副随和的样子，不会让人望而却步，人家走上来说："您是阎老师吧？"爸爸都会温和地点头笑笑说："没错。"来人又说："能不能麻烦您留个签名啊？"爸爸都会爽快地答应，不会因此觉得有丝毫的打扰和麻烦。

有一次我陪爸爸在一温泉洗澡，正当我们爷俩儿满身满头打上浴液之际，两个中年人走到跟前说："阎老师，您是阎肃老师吧，真没想到在这见到您，能给我们签个名吗？我们赶飞机，实在等不及了。"

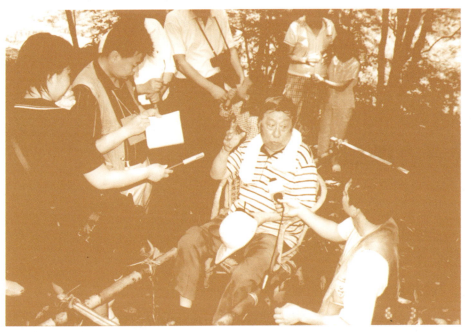

阎老在贵州采风，走得一身大汗，还得接受采访，实在够辛苦的。

老爸毫无惧色答道："好，好，你们今儿算是见到了最彻底的阎老师了。"

有一些亲朋好友也经常为孩子们找老爷子要签名，会特意买一个精致的留言本，送到家里。爸爸这时都会很认真地对待，不仅仅是签上大名，还一定要根据那个孩子的姓名琢磨出几句话来，带着诗韵，才算完成任务，从不糊弄。但有时写完后也会和我开玩笑说："那孩子最少得再过8年，才能完全看懂给他写的是什么。"

千万别说出去的秘密

　　人要是忙就会引来全方位的忙，参加的各种社会活动也是越来越多，就连婚礼都不例外。很多亲朋好友举办婚礼，都一定要请爸爸到场。说他出口成章，请他在婚礼上说几句，气氛一下子就能热闹起来了。

　　这倒真是，记得姑姑的儿子结婚老爸去了，作为证婚人为新人讲了一段祝福的话，把新郎、新娘感动得热泪盈眶不说，姑姑、姑父竟然都快把这段话背下来了，受欢迎程度可见一斑。

老爸到哪都受欢迎

赵丽蓉和老爸、老妈　　　　　　双江大叔（右一）一直尊称老爸为大叔

　　但爸爸每当提起便觉惭愧，说："不能老是参加婚礼了，快露馅儿了。我一年参加太多婚礼，再出口成章也没那么多词儿啊，又都是这一类事，也就把词儿来回组合组合，要是有人跟着我多参加几次，就发现这秘密了，哎，你可千万别给我说出去啊。"

　　"哈哈，放心。"我答应道。我一直还真没说出去，只是这回给写在书上了，这也不算对老爸食言吧。

荣立二等功

　　　　　　　　　1997年的一天，我当时在外地做生意，吃中午饭时，一个同事跑过来和我说："江主席给你老爸记了二等功。"

　　　　　　　　　我问："什么功啊？"

　　他又说不清了。

　　等到晚上看报纸，才知道是当时中央军委主席江泽民同志签发通令，给1个单位3个个人记功奖励。爸爸荣立二等功。

　　通令说，阎肃同志几十年来辛勤耕耘，创作了一大批深受部队官兵和广大人民群众喜爱的优秀作品，为繁荣部队和社会的文艺创作作出了突出的贡献，为表彰其功绩，中央军委决定给阎肃同志记二等功。

　　这是有史以来，军委主席第一次为文艺战士签发立功通令。

　　后来问起老爸，他很平静地说，当时空军往军委报，给他报的是三等功，等到批下来竟是二等功，真是没有想到，这在文职干部中是非常罕见的。

　　虽然爸爸说得挺简单，但我想这次立功是中央军委对爸爸一生勤勤恳恳、任劳任怨，并作出相当多成绩的肯定，老爸心满意足了。

　　盛誉之下，爸爸是淡定的、清醒的。有人说他是"时代歌者"，有人称他是"德艺双馨的老艺术家"，这奖那奖多得数不过来。面对接踵而来的荣

1997年时任空军司令员刘顺尧给老爸挂上军功章。

誉，爸爸本色依旧、从从容容。

●相约又一春

第十一章

空军的本色老兵

与文工团同事畅谈的老爸

做个普通党员，当个本色老兵。

岁月如水，人淡如菊。爸爸从拉大幕开始走上艺术之路，从军从艺60年，回过头来看人生路：风风雨雨岂能尽如人意，真真实实但求无愧我心。情未央、心未老，他的艺术生命还会迎来一个蓬勃的春天。

爸爸一生得到过无数的荣誉，他的作品也获得过很多奖项，在我们家里摆着很多爸爸得过的各种奖杯、奖牌。但爸爸从没有因此过多的沾沾自喜，他常说："得之淡然，失之泰然，顺其自然，争其必然。"可以说爸爸把功名看得很淡，这倒并不是说他比别人多了多少高风亮节，而是他真正做到了清心寡欲。

就拿我们家分房子来说吧，这么多年来，单位每次按规格分房都是让老爸先挑，但他向来都是无所谓的态度，住什么房子都觉得挺好，生怕给组织添麻烦。

前几年，上级领导给空军的一些军以上干部重新调整住房，爸爸一直也没太上心，觉得搬不搬都好，甚至连新房子都没去看过。他的这种态度也影响了家人，连我们也都无所谓了。后来，还是当时的团长仇非在院门口遇到我，和我说："告诉你妈，房子可以不要，但总应该去看看。"我把这话告诉了妈妈，妈妈看过之后才决定还是搬家吧。照例，装修、搬家等事宜爸爸还是一概不操心。

爸爸的记忆力一向很好，不仅是诗词，其他一些很久以前的人和事他都记得清清楚楚，他说这是一直常用脑的结果。我说，我的记忆力也很好，是因为从小妈妈老给我吃鱼和鸡蛋的结果。老爸听了大为嘲笑，并立即考我，问："上午来的客人叫什么名字？"

"这个，嗯，好像是，反正名字肯定是三个字的。"我立刻被这突然而来的问题难住了。

"废话！三个字，你这个回答就和没说一样！"老爸更得意了，"看来鱼和鸡蛋还不够啊，我没怎么吃，只是经常用用脑，就比你强多了。你的记忆水平就如同有本书里写的一个人：

从前有个人，游览一个古寺回来，和大伙儿说古寺门上的一副对联写得非常好。大家忙问：写的是什么啊？

他说，这上联嘛，我没太记住。

大家又问，那下联呢？

他说，下联是，好像是，什么，什么，什么春！"

"哈哈，我哪有那么差啊。"我被逗得大笑起来。

爸爸却一本正经地接着说："差不多，差不多，估计他也是每天吃鸡蛋和鱼长大的。"

记忆力好得如此不得了的老爸，什么都记得清楚，可在提到自己的生日时却模棱两可了。你要问他生日是哪天，他准会含糊地说："好像是五月初九，要么就是初十，还有可能是六月初九。"好家伙，一个生日他能说出三个日子来。

▌红红火火的研讨会

1995年5月9日，由中国音乐文学学会、词刊编辑部、空政文化部、空政文工团联合召开了"阎肃歌词作品研讨会"。

那天会议室里坐满了词作家、剧作家、作曲家，还有空政文化部的历任部长黄河、孟繁锦、何立国同志，文工团团长仇非、政委陈金发、中央电视台文艺部主任邹友开、副主任郎昆，歌唱家彭丽媛等都来了。

研讨会由词刊主编晓光主持，会议刚刚开始，歌唱家李双江就让人送来了一个大花篮，接着佟铁鑫、郑莉又捧来个精致的礼盒，研讨会开得红红火火的。

总政文化部长刘晓江，还有乔羽、时乐濛、徐沛东、王晓岭、姚明、姜春阳、孟庆云、石顺义、丁家岐等四十多位词曲界的大师们做了专题和即兴发言。

下午又有爸爸的一些朋友导演赵安、武志荣等送来花篮。跟爸爸合作多届春节晚会的著名导演黄一鹤从"世乒赛"发来贺电，写道："喜闻阎公作品研讨会隆重举行，遥致深深祝贺！岂能忘那无数长夜，君我对坐，寒茶一盏，聆听教诲之情景，公乃吾兄长师长也。遥立津门，翘首京都，再次祝贺公之研讨会圆满成功！"

参加和目睹这个研讨会的人都被那天会场的气氛所感动。爸爸的老领导黄

在"阎肃歌词作品研讨会"上，大师们合影

河伯伯说："我们真为阎肃自豪！"作曲家王立平在慕尼黑表示，"要向阎肃同志学习"。老爸那天很是开心，常把那次研讨会说成是他过65岁生日。

> "你说我是你遥远的星辰
> 从前的天空也有我的闪烁
> 你说我是你失收的种子
> 从前的大地也有我的花朵
> 你说你一直在倾听我流浪的脚步
> 你说你始终在注视我海边的渔火……"

这首《我属于中国》，是爸爸与田地合作写下的一首关于香港回归的歌。在英国长达99年的统治之后，1997年香港回归这一事件将百年中国史翻出来放在了每一个中国人的眼前。这种巨大的时空对比本身就是一种强大的震撼。

279

百年前的中国，落后、贫穷、积弱，清王朝奄奄一息。而到了1997年，新中国成立将近半个世纪，改革开放也将近20年，中国人民正意气风发走进一个新的时代。

《我属于中国》是为中华民族的一个重大历史事件而写，这首歌应该放到星空大地、百年历史的大背景下。遥远的星辰、失收的种子、流浪的脚步和海边的渔火，既传递出一种宏大辽远的意境，又抒发了一种无法割舍的血

乔羽等和老爸在晚会现场

脉情缘。如果能够静静品味，就不难感悟到，这样的歌是心灵与历史、胸襟与大地的对话。在这种对话的背后是爸爸他们对国家和民族真挚的爱，没有对国家的责任感，就没有这种历史的沧桑感，也就无法传递这样一种真实的美感。

带来的太少，带走的太多

2010年以前爸爸只过过两次生日。

第一次是他66岁生日那年，我们家很多亲戚都来了，二叔、四叔一家还从昆明、重庆赶来，大家热热闹闹地吃喝了两天，姐姐还给他包了66个小饺子，都祝愿老爸六六大顺，让他心情极其舒畅。

第二次是2000年6月，那年是爸爸70大寿，我们全家人都挺重视，空军首长也非常重视，提出要由政治部牵头给老爸过生日。这下倒让老爸觉得惶恐不安起来，他很怕给组织上添麻烦。

在生日的前一晚，我们全家及姑姑、两位叔叔家的亲戚全都到齐了，提前给老爷子拜寿，大家都准备了不少生日礼物，他老人家高兴得多喝了不少酒。

第二天一早，空军首长亲自来我们家里向爸爸祝贺生日，并送了一个很大的生日花篮，老爸非常高兴。上午由空军政治部为老爸组织了茶话会，我们家人也参加了。

会上政治部的首长及很多爸爸的老同事、老战友都发了言，表达了对老爸的祝福及感慨。老爸也说了几句，他说没有部队，没有组织就没有他的今天，他觉得他所做的一切远远不够，而组织上对他的照顾太多了。

说到这儿，爸爸指了我一下，继续说："那是我儿子，他写过一首歌

老爸66大寿时的全家福。前排左起：四婶、姑姑、二婶、妈妈、凤凤、龙龙、爸爸、二叔、姑父、四叔；后排左起：表弟妹、表弟、姐姐、姐夫、表妹夫、表妹。人家都是成双成对，就我孤独一人。

叫《彩虹》，里面有两句写得很好'我带来的太少，带走的太多'，正如我现在的感受。"大家都为爸爸的话热烈鼓掌。

爸爸能对我随手写的歌词记得这么深，又给了如此高的评价是我没想到的，我也感到非常开心。

中午，政治部又在空军的一个招待所为老爸安排了丰盛的生日宴会，很多部门的首长、领导都来了，和我们家人一起，祝福爸爸健康长寿。那天，气氛相当热烈，大家都感到非常愉快。

在新世纪到来之际，《江姐》又迸发出强劲的生命力，先是爸爸参与改编的大型交响清唱剧《江姐》在中山公园音乐堂上演，接着又有原创交响音乐会《红梅赞》，之后，上海歌剧院又复排《江姐》，爸爸也为新版创作出谋划策。为纪念建党80周年而推出的大型现代舞剧《红梅赞》，爸爸说她是歌剧《江姐》的姊妹篇，并为之写了剧情介绍。

在1964年歌剧《江姐》公演后，全国几乎所有的地方剧种都先后进行了移植演出，这种移植方便快捷，现成的剧本配上各剧种的音乐、唱腔就行了。但唯有京剧没有移植，因为京剧唱腔格律极为规矩、讲究。但为庆祝建党80周年，中国京剧院把《江姐》作为重点剧目，就请爸爸帮助改编。爸爸在创作歌剧《江姐》近40年后，又重新提笔，改编完成京剧《江姐》。爸爸真是和《江姐》一生结缘啊。

被动时需要主动面对

自1993年以后，我就一直在外地做生意。老爸有时会关注起我的工作，说我从小就那么淘气，现在一个人常年在外地，让人很不放心。怕我惹事，更怕我交友不慎，傻讲义气，有时候会吃亏上当。我那时没把他的话当回事，应付应付就过去了。没想到，在2001年我竟真惹上了一件"麻烦事"。

在我接受"审查"的日子里，爸爸妈妈都坚定地支持我。妈妈更表现出母爱的一面，特意跑来看我。可以说，妈妈这时的是非观念有些模糊，只要认为对她儿子有利的，也就不管对错了，她都会去做。

爸爸却依然有很强的原则性，但同时也表现出他很男人的一面。他认为如果是儿子犯了错误，就应该也必须像个男子汉那样去承担责任。他觉得每个人都必须要为自己的所作所为负责。但是，如果儿子真的没有错误，也不能轻易被人冤枉。人在被动时，既然躲不过去，就要学会主动地迎接、面对。他说："风风雨雨岂能尽如人意，真真实实但求无愧我心。"还专给我写了两首短诗：

杭州西湖底／笼囚任我行／十年不见日／乃有令狐冲。

春秋太史公／武穆风波亭／古今多少怨／都付一笑中。

老爸这种笑傲挫折的人生态度，也深深感染了我，我也在困境中逐渐从一个大男孩儿变成为男人。一年多后，事实证明我没有问题，又回到了父母身边。

老爸的腿很让我担心

回到北京后，妈妈心里不踏实，要求我住在家里，以后不要到处乱跑了。我正好也乐得清闲，就在家里过着悠哉悠哉的日子，想想已经很久没和老爸、老妈在一起生活了。

一天，爸爸因要参加一个电视节目，需要他穿"唐装"，我就陪爸爸妈妈出来买衣服。爸爸买什么衣服全是由妈妈定的，需要她审查合格后才能买。

我们一起先到了王府饭店，刚出电梯时，迎面碰上一当红年轻男歌星，他看到爸爸妈妈，当即叫："阎老师好！李阿姨好！"爸爸也微笑着回答，妈妈却一时没想起来他的名字，就问："你是哪一个来着？"弄得人家只好还得自报家门。

人家走后，我直埋怨妈，说："您一时想不起来人家的名字，随便说个好就行了，还非要问出来干吗呀。"妈回答说："没想起来就是没想起来嘛。"妈妈的"实在"这时候真让人无奈。

在那儿买了几件衬衫、T恤后，我们又转到友谊商店。这里有小半个展厅都在卖"唐装"。爸爸很快挑了两件合适的，经妈妈同意后正式拍板。有些服务员认出了老爸，爸爸也跟着点头致意。

因妈妈还要挑衣服，我和老爸就陪在后面跟着转，不一会儿，老爸突然说："我要去那边坐一会儿了，腿不行了。"

我赶快扶着老爸到一旁的小茶座坐下，问他要不要紧，他说没事，歇会儿就好。这时我突然感到爸爸老了，是啊，都七十多岁了！在他们这么高龄的时候还要为我操心，想想妈妈前几天还对我说："我和你爸都老了，你自己以后千万要小心，不要再乱交朋友，如果以后我和你爸爸都不在了，要再

老爸下部队时为官兵题词

出什么事，谁照顾你，谁管你啊。"想到这些话，心里真不是滋味。

老爸的身体大体还不错，他说从年轻时就有心脏病，但是一辈子没犯过；只是上了岁数后，关节炎倒是越来越严重，上楼梯和走路时间长了都会引起腿痛，有时候上下车都会略显费劲，这让我很是担心。

老来是伴

对好男人的定义

平时在家里，老两口偶尔也会"拌"两句嘴，多数情况下，是因为爸爸要用的东西不知道被妈妈放哪儿去了。爸爸老说妈妈乱放东西，一般都用大多数北京人常用的口头禅，说："你就会把东西满世界乱扔，我都跟你说过八回了。"

从我们小时候起爸爸就常说这两句话，到我们这么大了，也没换什么新词。我问爸爸："干吗每次都说八回，永远都不说九回呢？"

他说："九回就太夸张了吧。"

爸爸语重心长地告诉我，他从刚跟妈妈结婚时就试图想把妈妈改变得也像他一样，把东西有条有理地摆放整齐，但妈妈总是用完了东西就随手放在一边。比如，妈妈拿个针线盒坐到沙发上缝扣子，等扣子缝完，针线盒也就顺手放在沙发旁了，爸爸看见了，准会唠叨："你就不能把东西放回原处，我都跟你说了八回了。"

妈妈或白他一眼不理他，或没好气地说："你没看见我还忙着啊，你就不能帮着放回去。"

"我这一辈子净跟着你屁股后头帮着收拾东西了。"老爸还得发发牢骚。

所以爸爸得出了结论：夫妻二人谁也别想着去改造对方或者改变对方，一辈子相处下来，也就是不断地包容对方缺点的过程。

老爸老妈和儿子儿媳

老爸和儿媳

爸爸对好男人有他自己的定义：

其一是通文墨，即要有一定的文化知识；

其二是懂幽默，即说话要风趣；

其三是好体魄，即身体健康，不能病恹恹的；

其四是有绝活，即有一定的好手艺，像炒一手好菜，写一手好字，或者车开得好等等都是手艺；

其五是疼老婆，即爱情要专一，不能朝三暮四，见异思迁的。

最后老爷子又发自肺腑地加了一句："男子汉大丈夫真不能没有小金库啊！"

爸爸一直觉得，夫妻间没必要事事分出高低，他常说，何必让你最亲近的人不高兴呢？在社会上都知道豁达、超脱，何况在家里呢。正如辛弃疾所言："醉里且贪欢笑，要愁哪得工夫。"我觉得爸爸的这种人生认识，进退自如的感觉，简直可以算是他的养生之道了。

老爸在五十岁发福之后几乎没有参与过任何体育锻炼，但他身体一直不错，绝对和这份心境有关。对于生命在于运动一说，老爸说这只是其中一派的观点，他主张生命在于静养，并举出许多例子，比如：寺庙的高僧、道士，还有趴在池边不怎么游动的龟。

姐姐的一对龙凤宝贝一直由爸爸妈妈抚养，以前我还为此埋怨过姐姐，说这样会把老妈累坏了，妈妈却说："你别说你姐姐他们，孩子是我让生的，当然我管了。"

现在的孩子们和我们那时正好相反了，在学校都乖得要命，但在家里就称王称霸了，被老人娇惯得不成样子。我有时和妈妈说："您受这个累干吗？这俩孩子多麻烦呀。"妈妈竟然说："这俩孩子好带。"

对此我很费解，后来还是爸爸替我想明白了："那是因为跟你小时候比，有你那闹的本事垫底儿，再闹的孩子也算不上闹了。"

有求必应，不求也应

老爸总是很忙，真是越老越红，在71岁高龄时被评为空军优秀共产党员。看来真是闲不下来了。

几乎每天都有事，不是请他当评委，就是请他当顾问。爸爸在中国戏剧家协会还兼任副主席一职多年，对在作协、音协、曲协等几个协会的兼职工作也非常热心，当然还有很多人请他帮忙写歌词，爸爸只要能帮忙的都会尽量去做。

但让我奇怪的是，竟然还有人找老爷子求字，真不知他啥时候练的。

开始时，为写幅字，先得把场面铺开，台案摆好，宣纸铺平，搭上镇纸，端起狼毫，这架势拉开了，才发现墨还没有呢。结果是等真写好一幅字，起码也得有几十张写废了的先阵亡了，一将功成万古枯嘛。但老爷子啥时候都说是一挥而就。

"青岛海洋节"就把老爸写的字制作成挺精致的工艺品，爸爸写的是：

有量方称海/无涯始为洋/浮沉风月朗/啸傲任沧桑。

大家评价说"蜂酿百花蜜，香甜留人间，高歌颂人民"是老爸创作生活的真实写照。人到无求品自高嘛。

有时我的朋友找他帮忙，他也很够意思。朋友刚见他时，一般都有些紧张，又是晚辈，就显得比较拘谨，但听爸爸说一句："我和我儿子没得

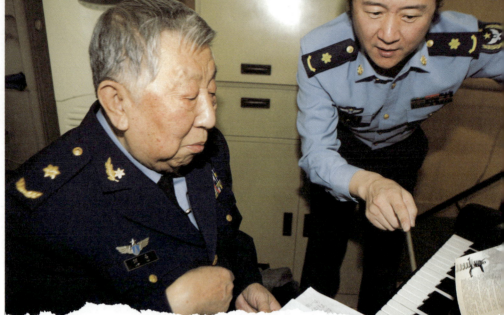

陈小涛和老爸计较词儿呢！

说。"人家立刻就放松下来了。

爸爸深爱着文工团这个集体，同事不管老的还是年轻的，工作生活上有了困难找他，他是有求必应，有时不求也应。

为了帮助年轻人尽快成长起来，团里搞一些大的活动，他都把年轻人往前台上推，连续十几年的春晚，他都把上节目的机会让给年轻的同志，自己的作品总是放到最后。

有一天，爸爸碰到空政文工团的歌唱演员陈小涛说："小涛，你的窗子打开了，你已经找到了你的感觉，你的《麻辣烫》反映很好嘛。"

陈小涛说："我从四川来，带回来一个想法，想创作一首《变脸》，别人变，我来唱。"两人一拍即合。

第二天，爸爸就把《变脸》的歌词拿给了小涛。小涛也不客气，横挑鼻子竖挑眼，一首歌缠着爸爸改了三四回，搞到第三天，小涛再让爸爸改最后一句时，爸爸火噌地一下上来了："你再这么整，我把它撕了，你没完没了啦！"好家伙，看老爷子要变脸，吓得小涛不吭声了。

话是这么说，可过了一晚，他又把改好的词送给小涛："你看这样怎么样？任随你远看近看前看后看紧看慢看左看右看上看下看横看竖看硬是好要又新鲜。"这段词让陈小涛眼泪都下来了。

老爸为官兵题字

　　后来，陈小涛把这首歌唱响了，唱红了，获得了全国"五个一优秀作品奖"、"金钟奖"、全军会演3项一等奖等多个大奖。

　　2001年，还在大学读书的王莉被空政破格特招入伍，听说爸爸和张伟创作的歌曲《我和春天有个约会》要举办试唱会，当时，想唱这首歌的人很多，竞争异常激烈。可没想到，爸爸却选定王莉来唱这首歌，还鼓励她说："好好唱，你能行！"这六个字，让她激动不已。

　　2007年，空政第五次复排歌剧《江姐》，由王莉扮演江姐。王莉长了一副娃娃脸，大家都说不像江姐，但爸爸鼓励她说：谁说不像，我看你与江姐原型还真有几分相像，最接近，要是再瘦些就好了。于是，王莉逼着自己减轻体重，总共减掉了10多斤。

　　一开始，爸爸对三个"江姐"最不满意的就是台词，说她们语气生硬、表达太浅、关键词拿捏不当。为了让他们尽快找到感觉，爸爸从头到尾，一字一句地讲解推敲全剧的台词，一遍一遍地纠正，帮助她们尽可能地达到唱和说完美的统一。

　　当歌剧《江姐》经过10多次的层层审查，终于有一天爸爸说"成了"，王莉再也抑制不住内心的激动，所有的酸甜苦辣一起涌上心头，情不自禁地抱着爸爸又哭又笑。

戏比天大

名利面前要谦让，大是大非不退让。

老艺术家黄一鹤与爸爸相交已久，他说：在艺术界，阎老有很好的口碑，他平和敦厚，与人为善，不争名、不争利，更不争功！可是，在大是大非和原则面前，他总是一身正气，决不退让。

平时爸爸给人的印象是一个笑呵呵的人。然而，他会站出来，公然抵制和批评一些肉麻和粗俗的东西，并将其定性为"恶俗"，体现出一位红色艺术家对美的坚持和强烈的社会责任心。

前几年有一段时间，乐坛上刮起了一股网络歌曲的旋风，一些青少年对一些恶俗的网络歌曲像着了迷一样，一段时间唱红歌的少了，唱这些歌的多了，这样下去怎么得了！

爸爸站了出来，理直气壮地批评和抵制这种现象。随后，他和在京的40位著名艺术家联名倡议：大唱红歌，抵制恶搞！一些持不同意见的人和他打起了"论战"，指责他说：当今网络流行的任何东西，都是很多人自由选择的结果，你阎肃有什么权力否定我们的选择？爸爸不怕攻击，坚持真理，毫不退让。之后，他连续3年担任中国红歌会评委，引导歌坛用健康向上的红歌抵制恶俗。

老兵阎肃

中国剧协党组书记季国平这样评价：阎老是中国文艺界有名的"黑脸包公"，他常跟我们讲，鸭蛋里面的"苏丹红"很可怕，而文艺界的"苏丹红"更可怕，要坚持打假、决不放过。长期担任重大文艺活动评委、监审的他，有一股正气，更有一股勇气，除了自身不卖人情、不徇私情外，他还告诫其他评委："不要搞小圈子，要搞大圈子。"

个别没有评上奖、没有选上角色的演员，指着鼻子骂他，爸爸说：我不怕你一两个人的骂。就怕老百姓戳我的脊梁骨。搞艺术的"戏比天大"，什么时候我们都要对得住自己的良心！

空政文工团创作室主任石顺义谈起爸爸，说过这样一段耐人寻味的话：不要看你写了多少，而要看你留下了多少；不要看你今天红得多火，而要看你明天是否还有人记得。爸爸就是那个让时代和人民永远记住的艺术家，是那个真正站在时代琴弦上的放歌者！

婚礼上老爸朗读《伴君行》

我家几代都晚婚。爷爷41了才娶妻生子，够得上晚婚模范了。爸爸是33岁结婚，37岁有的我。我呢，二十几岁时就知道结婚肯定是三十以后的事，等真到了三十多，又觉得恋爱结婚费时费力太麻烦，更怕婚后被管，所以一直没有结婚的打算。

这些"不婚"理由在妈妈看来，既荒谬又可笑，甚至不可理喻。但爸爸一针见血："他小子是没遇到，哪天出现个够漂亮的姑娘，保险他小子就冲上去了。"

果不其然，2005年3月的一天，我参加一个朋友聚会，见一女孩静静地坐在角落里，怡然自得地喝着手里的饮料，眼神流转间，清澈如水，仿佛置身于一片静谧的森林里。只一瞬间，我知道，她就是我媳妇。

我老婆刘莉娜当时还是解放军艺术学院音乐系大三学生，后来毕业进文工团唱民歌。老爸曾开玩笑说："您真敢找个唱歌的女孩当老婆？歌唱家的嗓子吵架时声音也低不了。"

我老婆第一次来我家时，坐没多会儿，老爸从电视台录节目回来，一进楼道就用高八度的曲调喊起来："我——回——来——了！"

老爸进屋扮个鬼脸说："要和小美女聊天了，我润润嗓子。"

我老婆原本的紧张一下消失了。老爸后来给她起个外号——娜小宝。

在本人于将不惑之年，娶得善良、美丽、单纯之爱妻，实乃人生之大喜。

婚礼上，主持人问我和新娘有什么心愿，可爱的新娘紧张地直看我，我于是做了代表，说："首先，我要感谢我的母亲。以前我曾经和一个朋友说过，我和我妈不投缘。她喜欢文静、安静、干净的孩子，可我呢，正相反，一直淘气，她不喜欢我。朋友听后，瞪着眼说，废话，哪个妈喜欢你这样的啊，我要是你妈，早把你放山上喂狼了。现在我想明白了，看来我妈跟我就算很有缘了，尤其是在我前几年最困难的时候，一直坚定地支持我，所以，非常感谢我的妈妈。"说完，我向妈妈鞠了一躬。妈妈听了这话，立时流出了眼泪，我知道她感到了一丝安慰。

主持人又让我向岳父、岳母大人谈谈感想，我于是表忠心道："能把新娘这样的人才请回家当领导是我一辈子的光荣。从小到大，我老爸只教我两样传家之宝，一是熟背唐诗宋词，二就是怕老婆。在外面德高望重的阎老回到家里，地位比我也就高点儿有限，在我妈面前，那是毫无抵抗能力。怕老婆可以说是我们家传绝学，所以，请丈人、丈母娘放心，我一定把具有阎肃同志特色的家族传统，认真继承，发扬光大。"

在来宾的笑声和掌声中，爸爸走上台，说道："今天我只关心两件事，一是台北高雄选举，蓝绿对决，好不热闹，我很是惦记，回去我就急着看结果。另一件，哈哈，就是小儿阎宇和仙女刘莉娜结婚，我好羡慕啊！我们那时候可没有这么好的条件，墙上就挂着个毛主席语录'千万不要忘记阶级斗争'，就把婚给结了。"说着，老爸从兜里拿出张稿纸，接着说："前些天，我写了首歌词，其实是给我老伴儿写的，儿子他妈快70岁了，想想一路走来也很不容易，所以今天呢，就想把这首歌也送给你们小夫妻，也算是一种嘱托，是一些真情实感吧。"听到这儿，大家又都鼓起掌来。

老爸抬头看看我，又看看大家，接着说，歌词名叫 《伴君行》：

　　一叶扁舟浪花中，
　　去年海北，今岁江南，明朝河东，
　　任黄花碧水，青山红叶，白发秋风，

一片丹心向阳开

艺坛老兵阎肃的故事

随你奔波这久，也算是五彩人生。
咽下了千杯喜，百盅泪，万盏情，
仍留得一颗心，七分月，三更梦，
淡定从容伴君行。
缘分早注定，心海已相通，
携手坎坷路，遥对夕阳红。
把惆怅、怨恼、寂寞、悲凉都抛却，
将忠诚、理解、宽容、和善拥怀中。
人生难得是相逢，
记得年年定情夜，香缥缈，月朦胧。

婚礼上，老爸朗读《伴君行》。

老爸浑厚的声音念完歌词十几秒，整个婚礼会场依然静静无声，大家好像都在回味，随即爆出一片热烈的掌声。我看到，来宾席上的一些人的眼睛里似乎都有些湿润了。

婚礼过后，说起《伴君行》，老爸说："你老婆和我老婆都听不懂，好在咱阖家的媳妇都还漂亮。"

哈哈，有这样的老爸，伴我走过这半生，还有什么不知足的呢？如果要说心愿，那就是盼望老爸老妈健康，开心，长寿吧。

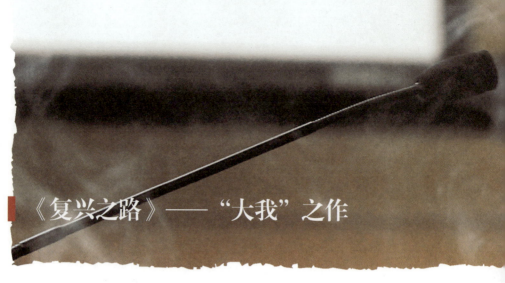

《复兴之路》——"大我"之作

"山弯弯，水弯弯，田垄望无边

笑甜甜，泪甜甜，一年又一年

燕子飞，蜜蜂唱，坡前柳如烟

风暖暖，梦暖暖，这是我家园。

最难忘，最难忘，妈妈脸上又见皱纹添……"

2009年，阎肃参加大型歌舞剧《复兴之路》创作，时任文学部主任。

大地起舞。在遥远的地平线上，男人拉着犁，女人扶着犁，田埂边上，孩子在摇篮里熟睡……这一首如儿歌般清新灵动、色调明媚的《我的家园》，就是爸爸参与打造的大型音乐舞蹈史诗《复兴之路》的开篇序曲。

作为一部继《东方红》、《中国革命之歌》之后的大型音乐舞蹈史诗《复兴之路》，气势磅礴、美轮美奂，中央领导高度重视。爸爸是大型史诗剧《复兴之路》的文学部主任。他分别给中央政治局常委和中央意识形态领导小组汇报。爸爸介绍剧情，激情朗诵，使在座领导都深受感染。

创作这样一部作品的难度可想而知。爸爸回顾这个过程："从1840年到

苦苦冥思

2009年，169年的宏阔历程，如何在两个多小时里张弛有序地、准确生动地呈现在舞台上呢？三次伟大的革命，一个半世纪悲天悯地、翻天覆地、改天换地、惊天动地、欢天喜地的壮丽图景，如何展示呢？常见的手法是诗朗诵加歌舞串烧加美丽伴舞加华服美景似断似连地从头传下来，这行吗……于是争论、叹气、茫然、困惑、兴奋、沉默、焦急、冲动、否定、否定之否定、山重水复、柳暗花明、再度山穷水尽……一路发烧般走过来，然而始终热度不减，精度不减，大任在肩，必须不辱使命。"

就拿序曲《我的家园》来说，它既简单又不简单。创作一个能够拖带这样一部宏大主题的序曲，这种感觉并不好找。太实不行，太虚也不行。其创作过程，也是众里寻他千百度。这个序曲是成功的，它能够让人直观地感受到中华民族文明的源起。

五千年来，我们的祖先就是这样辛勤地耕耘在这片土地上。像一个人一样，文明是有生命的，她从童年一步步走来，在这个过程中，形成了我们的中华民族。五千年的文明史就是这样孕育的。这是我们一切进程的依托，就如同一切生命的繁衍生息，一切伟大的创举都必须依赖脚下的这片土地。这是对家园的礼赞，是对文明的礼赞。

这种意境把《复兴之路》给带出来，169年的历史，无数可歌可泣的英雄事迹，都是人类历史长河中的一个瞬间，这其中折射出的精神如同大地一样古老，如同时空一样永恒。

这首歌能够让人直观地感受到幸福的真谛。一切经典的作品都是时代的产物，无不打上时代的印记。"诗文随世运，无日不趋新"。

时运交移，质文代变，歌谣文理，与世推移。《我的家园》勾勒出的和谐画面，正是我们今天大时代的主旋律。

创作，与其说是一种创造，不如说是一种寻觅——寻觅人们心底的声音，聆听社会的呼吸，扣准时代的脉搏。思想解放、经济发展、政治昌明、教育勃兴、文艺繁荣、科技进步，这些都是在中国特色社会主义道路上，几代人矢志追求的现代化梦想和民族复兴进程。

老爸和《复兴之路》创作人员在一起

艺术作品不是描述这些事情本身，而是刻画这些带给人们内心的幸福感。一种平淡自然的幸福感、亲切感、眷恋感，无需任何刻意的装饰和渲染，在低吟轻唱中撩拨心弦。这种幸福感就存在于平凡之中，一如我们脚下的这片土地。播种、收获、宁静、和谐。共产党人追求的一切，恰恰就是为了让人民获得这种恬淡自然的幸福感。

平凡的幸福，做人的尊严，是我们始终如一的精神诉求，在这种追求的背后，是共产党人为了民族复兴而翻越的万水千山和经历的风风雨雨。

大型歌舞剧《复兴之路》剧照

爸爸一生写有无数脍炙人口的作品。创作《复兴之路》时，已是近80岁高龄。对于一个艺术家来说，此时的作品已经是炉火纯青了。正如袁枚所说："诗宜朴不宜巧，然必须是大巧之朴；诗宜淡不宜浓，然必须浓后之淡。""敢为常语谈何易，百炼工纯始自然"。

优秀的"大我"之作，具有史诗一样的气派，是歌坛的骨骼，是一个国家、一个民族音乐文化的水准线。能否写出"大我"之情的力作，是衡量一个艺术家思想和艺术高度的标尺，也是奠定他在艺术史上地位的重要依据。

爸爸在近80岁高龄时，与团队合作一起打造《复兴之路》，作为核心创意组成员，他是这部作品的灵魂人物之一。

有人评价爸爸说：这位德艺双馨的老艺术家，一生坚持弘扬主旋律，把许多作品留在了人们的心底，拨动了无数观众和听众的心弦，印刻下了人们对一个时代的集体记忆。正是因为在艰难漫长但又激动人心的求索中，他将个人的追求、才华与时代跳动最强劲的脉搏相融合，才使这位老共产党员、老军人、艺坛常青的歌者，获得了至高的成就和荣誉。

一位艺术大师感言："真正的艺术家都有一双坚实的翅膀，一只翅膀托着坚定不移的爱国心，一只翅膀载着光辉灿烂的作品。"爸爸正是如此。

艺术创作激情之源

　　工作几十年来，爸爸身边的同事、战友，都对他的这一品质赞不绝口——相信组织，依靠组织。

　　这也难怪，即使年逾八旬，名气这么大、贡献这么多，可爸爸在任何情况下，始终坚持请销假，每个月按时按点交纳党费，党组织生活一次没有落下过。

　　爸爸常常说："得意时不能凌驾于组织之上，失意时不要游离在组织之外。"这句话里，蕴涵着一种对组织发自肺腑、情真意切的深厚感情。

　　爸爸，对基层有着一种特殊的情感，他时刻提醒自己，"无论名气多大、地位多高，都要讲情谊，不脱离基层和群众"——这也是他终身坚守的一条行为准则。

　　老爸这样总结自己：

　　首先是听组织话，让干什么就干什么；

　　二呢，认真干，还要干好；

　　三呢，干好了，有了点成绩后，还听话！

　　几十年来，爸爸始终把他的艺术之根、情感之根深深地扎在基层，低头向官兵学习，向群众学习。可以说，正是基层的广大官兵给了他绵绵不断的动力，滋养着他的思想、文化、情感，使他在创作上拥有取之不尽、用之不竭的艺术灵感。

　　有人曾问过老爸，为何能几十年如一日保持这样一种激情？

　　老爸的回答是："我只是特别热爱生活。"

　　热爱生活，一个简单却耐人寻味的答案。

老爸在某部队晚会现场

心里有很多美的东西

　　有个朋友有一天突然和我说："我觉得你爸爸心里很美啊，心里有很多美的东西，所以才能写出那么好的歌。"我想了想，觉得应该是，也让我想起他写的《我和春天有个约会》：

　　……

　　我和春天有个约会，

　　叫美景能成真，

　　叫真景能更美；

　　我和春天有个约会，

　　让每一双青春的翅膀都愉快高飞。

我和春天有个约会

　　……

　　那年春节，我觉得好几年没和家人一起热闹了，况且老爸又在家里，我就约了姑姑一家等亲朋一起吃年夜饭，几代人说说笑笑的。饭后，又都回了我们家，有打牌的，有看春节晚会的。午夜时，院里放起了烟花，老爷子还带着几个外孙出去看，回来时被冻得够呛。

　　我在客厅里，听着姑姑和老爸畅谈起青春往事，一会儿笑，一会儿感慨的。我扭头望去，看着姑姑靠在老爸背上，动情地说："我的老哥啊……"

感恩·感激·感谢·感悟

2010年5月31日下午，空军在京举行阎肃同志先进事迹报告会。

报告团的4名成员，从不同视角讲述了爸爸投身革命、献身党的文艺事业的人生轨迹，爱党爱人民爱军队的坚定信念和深厚情感，以及艺术大家、普通一兵的人品艺德。尤其是爸爸基于80年人生经历、60年艺术生涯的厚重积淀，发自内心、满怀真情的人生告白和感悟，深深地打动感染了在场的每个同志。

中央军委委员、空军司令员许其亮上将，空军政治委员邓昌友上将，在京的空军党委常委和机关四大部领导，以及驻京机关、部队官兵代表共1100人聆听了报告。报告会由空军副政委王伟中将主持，总政宣传部有关领导到会指导。

爸爸一生耕耘在祖国文艺的百花园中，60年创作了成百上千件优秀主旋律作品，在全国、全军共获得百余个文艺大奖，荣立二等功一次，三等功4次，获得"终身艺术成就奖"，先后受到毛主席、江总书记、胡总书记的亲切接见和嘉勉，军委领导称赞他是德艺双馨的老艺术家，为我军文艺工作作出了重要贡献，值得全军文化战线的同志学习。

报告会前，许司令员、邓政委和在京的空军党委常委亲切会见报告团全体成员并合影留念。邓政委在会见报告团成员时，对阎肃同志的先进事迹给予高度评价，并向阎肃同志致以崇高的敬意。他说，阎肃同志是一名忠诚的部队文艺战士，更是一位德艺双馨的人民艺术家。他的先进事迹和崇高精神，有力地回答了一名党的文艺工作者、一名部队文艺工作者，应该以什么样的理想信念、价值追求、艺德艺风和职业操守，为人民服务、为社会主义服务、为军队现代化建设服务的重大问题。

邓政委号召空军广大官兵都要向阎肃同志学习。学习他爱党忠诚、矢志报国的政治信仰，忠于使命、恪尽职守的责任意识，勤奋向上、追求卓越的进取精神，谦虚谨慎、淡泊名利的道德风范，为开创空军建设新局面、谱写空军发展新篇章作出新的贡献。

爸爸在会上发言说：今天，当80岁的我站到台上向大家作汇报时，真是百感交集，概难言矣！80年路漫漫，60载修远分。千言万语从哪里说起呢？此时此刻，我最真实的感受、最想说的是8个字："感恩！感激！感谢！感悟！"

我是一个有57年党龄的老党员，对党我满怀"跪乳之恩、反哺之爱"。回顾这一生走过的路、经过的事，我发自内心地感激党的关怀！我终生不能忘怀：在我60年的艺术生涯中，党的三代领导核心和胡主席都给予我关怀和厚爱，给了我终身奉献党的文艺事业的巨大动力！回想这一生，如果没有党的思想引领，一个从旧社会历经坎坷走过来的人，就会迷失在人生的十字路口，我这一生的命运就会重重地改写；如果没有党的培养，我一个才薄学浅的青年学生，就不可能成长为党的一名光荣的文艺战士，如果没有党的关怀，一个老文艺工作者"浑身都是铁、能打几颗钉"，我就更不可能获得这么高的待遇、这么多的荣誉……对党，我要感恩一生一世，更要回报一生一世！

我是在部队长大的。从穿上军装的那一天起，我就深情地爱上了部队。我发自内心地感激部队、感激空军。有人说："阎肃是一个奇迹！"我说，生活在如此重视文化建设的空军部队，我才能够创造奇迹！空军历届领导都像抓部队战斗力一样抓文化建设，我现在还常常想起当年刘亚楼司令员和各级领导帮我改歌词的情景。今年5月9日，我过80岁生日时，总政李继耐主任给我作了副对联："生只三日艺坛勤修壮心不已佳词妙句比梅兰香留华夏，岁已八旬军旅躬耕豪气依旧好戏奇文效松竹情洒神州。"首长的亲切关怀对我是莫大的鼓励。回顾我参加革命这60年，部队给予我的太多太多，我付出的太少太少，一想到这些，我就心生愧疚、心存感激！现在，我已经是一名老兵了，军装一穿60年，"廉颇老矣，壮心犹在"。只要我还有一口气，就要拼命为部队服好务！

我个人所做的一点事微不足道。一代代老艺术家为我的成长铺路搭桥，呕心沥血，我才取得今天的一点成绩。我终身感谢黄河、陆友等文工团的历任领导、同事以及所有艺术界同仁，更要感谢千千万万的热心听众和观众。一首歌、一台戏，唱响它、演好它，不是哪一个人的功劳，它是"红花绿叶相映美"的结果。我在文艺事业上作出的每一点成绩，都是依靠空政文工团的集体智慧，凝结着许许多多领导、同事和同行的心血汗水。因此，我要借这个机会用我的一句歌词表达最真挚的感谢："因为有你们深深的情浓浓的爱，生活的酸甜苦辣我才一步一步闯过来！"

中国有一句老话："人贵有自知之明。"想一想我个人，充其量也只不过是"汪洋中的一滴水、群山中的一把土"。如果我不是赶上了这样一个伟大的时代，如果我离开了党组织的培养和关怀，如果没有空军这片辽阔无垠的艺术沃土，如果没有那么多真心真意关心我的领导、尽心尽力支持我的同事战友和广大的热心观众，我阎肃是绝对不可能走到今天的。如果说我在军队文艺事业中作出了一点成绩的话，这个成绩首先应该归功于党、归功于部队、归功于培养和关心支持我的各级领导和同志们！

现在，我已走进人生的耄耋之年。回顾80年的风雨人生路，我想和年轻的朋友们谈一谈自己的几点人生感悟：

第一点感悟：要想甜，加点盐。生活不会亏待任何一个人，也不会对哪个人过分地眷顾。今天你吃了一斤糖，没准明天就有一斤黄连等着你去吞，到最后什么味道都抵消了，你的面前还是一碗白开水，这就是生活的辩证法。俗话说："嚼得黄连苦，百事皆可为。"当你养成吃苦耐劳、认真做事

的习惯时，你就离成功的门槛越来越近了。世界上没有"速成"的艺术品，更没有"捷径"的成功者。不管你是干什么的，必须认认真真、脚踏实地往前走，千万不要指望"一锄头挖出个金娃娃"，"一籽落地，万粒归仓"。一旦确定了干什么，你就要学会"扎猛子"，不能浮在面上，要往根上去，这样才会开花结果。我80年的人生路，就是这样一步一步走过来的。

2010年5月30日，老爸在《阎肃先进事迹报告会》上作报告

第二点感悟：把握好"人生四分"：天分、勤分、缘分、本分。天分，就是要清醒地了解自己的长处，善于发挥自己的优势，这样可以少走弯路，做自己感兴趣和有意义的事，成功的概率就会大一些。勤分，这是通往成功的必经之路。没有人会随随便便成功，没有付出的收获发生在我们身上的概率几乎为零。把别人用来网络闲聊、喝咖啡、睡懒觉的时间拿来做自己应该做的事，成功的概率就会大一些。缘分，指的是机会。机会只垂青于有准备的人。人的一生会有很多机缘促使你成功，你做好了准备，抓住了，就成功了。本分，是对一个人的道德约束。优秀的人应该具备强烈的责任心，本本分分扮演好自己在社会和家庭中的每一个角色，明确自己的责任和义务。当

你把握好了这"人生四分",你会感觉生活多了一分阳光的色彩,你就知道有所为、有所不为,你前行的目标会更加明晰。

第三点感悟: 永远要有一颗童心。每个人在历史长河中,不管你活多大,在天地之间都是一个孩子。岁月你是挡不住的,生命规律不可抗衡,但你的心可以永远年轻。我总是像孩子一样地快乐。我极少用愤怒和忧愁的情绪来对待世间事,事情横着来,我就顺着想,什么难事都过去了。因此,我是每日快乐、每夜快乐、身上快乐、心里快乐!我还像孩子一样简单。复杂的问题我简单处理,相信世界上最复杂的问题也决不会只有一种答案,我的生活也很简单,粗茶淡饭、布衣棉衫足矣。我和人相处也是遵守简单的原

阎肃同志先进事迹报告会现场

则,不结党、不奉迎、不抱怨,情趣相投,山高水长。我还像孩子一样地好奇。世界在我的眼前每天都是新的,一场春雨,几片落红,南飞的大雁,西沉的落日,我都觉得是那样的新奇美好,我还能和我一对十四岁的龙凤胎孙

子孙女，像好朋友一样，笑在一起、玩在一块……当然，每一个生命的体验过程是不一样的，不管是以什么样的方式存在，内心的博大和身心的和谐才是最重要的。

第四点感悟：一个人要学会爱。我们词界泰斗乔老爷乔羽同志说："真正的艺术家都有两只坚实的翅膀，一只翅膀托着坚定不移的爱国心，一只翅膀载着光辉灿烂的作品。"爱国，是全人类都推崇的美好而神圣的情感。一个没有祖国的人，你的身后将一无所有。爱是一种深刻的东西，又是一个具体的东西。爱你的故乡热土、爱你的妈妈、爱你的儿女，都是这种爱的体现。我在《复兴之路》中描写过这样一段诗意的爱："山弯弯，水弯弯，田垄望无边；笑甜甜，泪甜甜，一年又一年；燕子飞，蜜蜂唱，坡前柳如烟；风暖暖，梦暖暖，这是我家园；最难忘，最难忘，妈妈脸上又见皱纹添……"我这一生是在用一种歌唱和赞美的方式来爱党爱国。当大家在工作岗位上，尽职尽责、无私奉献，用心爱这个世界，爱你的事业，爱你的亲人朋友和一切值得爱的美好事物时，就是你从内心流淌出来的大爱真情！

百年心事归平淡！80岁的生日时，我写下几句自勉的话：六十年来，组织培养；关怀教导，哺育成长；心存感悟，胸铸理想；若有成绩，归功于党；八十以后，一如既往；竭力报效，忠于信仰。

首长，同志们：我这辈子最热爱的是党和军队的文艺事业，为了这个事业，我书写了60年，奉献了60年，更幸福快乐了60年！如果活到100岁，我要继续奋斗20年。

2010年7月5日，空军举办阎肃同志先进事迹汇报会，中央和首都46家媒体记者集体采访爸爸。面对众多媒体，老爸说：我今天首先觉得很惶恐。但既然是组织交给的任务，我就还是要积极靠拢。

大伙儿都笑了。

歌声飘过60年。有人把爸爸半个多世纪的艺术人生归结为4个字："大爱真情！"

汇报会结束后，很多空军的朋友都为爸爸感动，也为他高兴，还有专门给我打电话报喜的，我特意当晚回家。

一进门，看见老爸还和往常一样，坐在书桌前静静地看报，我说："八十岁还当劳模感觉如何啊？"

爸爸扭过头看看我，认真地说："我挺紧张，挺惶恐，低调惯了，这样挺不习惯，主要是，我也没做什么啊。"

作品音乐会及艺术创作座谈会

　　夏夜的北京华灯初上，坐落在长安街人民大会堂西侧的国家大剧院流光溢彩。2010年7月25日晚，为庆贺空政文工团成立六十周年，阎肃作品音乐会在这里举行。

　　中共中央政治局委员、中央军委副主席徐才厚出席观看音乐会。徐副主席称赞阎肃同志是忠诚于党的军队文艺战士、德艺双馨的人民艺术家，为军队文艺工作和国家文化事业作出了重要贡献，要求全军文化工作者都要向阎肃同志学习，做弘扬主旋律的排头兵，为提高部队战斗力、培育当代革命军人核心价值观、推动社会主义文化大发展大繁荣，努力工作，作出更大贡献。全军官兵都要像阎肃同志那样，忠诚党的事业，立足本职岗位履职尽

责、建功立业。

中央军委委员、总政治部主任李继耐，中央军委委员、空军司令员许其亮，文化部部长蔡武，副总参谋长章沁生，总政治部副主任刘振起、杜金才，空军政治委员邓昌友和军委办公厅领导，空军在京党委常委等陪同观看。

音乐会分为《我爱这伟大的党——是党引导着我》、《我爱这战斗的军营——是军队培育了我》、《我爱这幸福生活——是生活给予了我》三个篇章。演出的19个节目，是从老爸作品中挑选出的艺术精品，也是他各个时期的代表作。

既有上世纪创作的歌剧《江姐》主题歌《红梅赞》、电视连续剧《西游记》主题曲《敢问路在何方》，也有近两年新创作的《梦在长天》；既有《我爱祖国的蓝天》、《军营男子汉》、《长城长》等军旅歌曲，也有《五星邀五环》、《前门情思大碗茶》、《故乡是北京》等其他题材作品；既有民族风格浓郁的《唱脸谱》、《变脸》，又有时尚元素鲜明的《雾里看花》。这些作品主题深刻，形式多样，意蕴隽永，堪称经典。

著名歌唱家李谷一、蒋大为、宋祖英、张也、佟铁鑫、韩红，著名京剧表演艺术家孟广禄、李胜素等登台演唱，其中一些演员是爸爸作品的首唱者；空政文工团刘和刚、王莉、严当当等青年演员也演唱了他的作品。

音乐会最后一首曲目是由韩红演唱老爸的成名作《我爱祖国的蓝天》，歌声高亢入云，掌声经久不息。唱罢，老爸走上台，深情地朗诵了一首词：

《昨天，今天，明天》。随后又感谢了特意赶来参加音乐会的老家保定的领导——市委书记宋太平、市长李谦、人大主任贾体新、宣传部长李国英。还有老爸作为荣誉市民的兴化的领导。

80岁的老爸担任音乐会主持人，成为音乐会上的一抹亮色。老爸真诚、幽默的主持打动了所有观众，他邀请每首作品的合作作曲家上台，介绍给大家，并向观众袒露当时创作时的情境、趣事，不时引起场内观众会心的笑声。

音乐会一小时四十分钟，但在结束时，很多观众仍恋恋不舍，不肯离去，不少观众还落下了感动的热泪。

当晚，我爱人刘莉娜给老爸发短信说：老爸音乐会太棒了，有些人都感动哭了，其中包括我。韩红唱完后，我旁边那位大叔喊祝阎老健康长寿！气氛非常好，大家都发自内心的快乐。老爸主持得很真诚，非常有亲和力，我激动得半夜三点都睡不着觉。祝贺老爸！老爸回信道：谢谢小娜娜，看来真诚最打动人。

更让老爸感动不已的是，总政李继耐主任在音乐会结束后赠老爸诗一首：茅台可谓酒中王，酒龄八十奇醇香。

我擎心泉献阎公，酒韵悠悠著华章。

益水益料溢佳酿，亦俗亦雅奕豪放。

泰斗华诞八十庚，常青大树正昂扬。

鼓励、赞扬、鲜花、掌声，音乐会的成功，让老爸那颗感恩的心久久不能平静。

第二天，总政宣传部、空军政治部和国家文化部艺术司联合召开阎肃同志从艺60周年艺术创作座谈会，与会专家相继发言。

著名剧作家、诗人苏叔阳说道：

我觉得阎肃老兄的歌词是诗，是歌，又在诗歌的法度之内，从来都是遵守着歌词写作的基本规律，但是又突破了这个法度。极具个人特色，他的歌词都是诗，我觉得诗的真谛就是爱，爱人民、爱民族、爱祖国、爱生命，而且爱一切鲜活的生命，有这种大爱存在心里，所以他青春永驻，他以自己不

赠尊敬的阎肃同志

茅台可谓酒中王，
酒龄八十奇醇香。
我擎心泉献阎公，
酒韵悠悠著华章。
益水益料溢佳酿，
亦俗亦雅奕豪放。
泰斗华诞八十庚，
常青大树正昂扬。

李继耐　二○一○年
七月二十五日

老的青春，想尽办法从不老的中华文明中、中国民间艺术当中汲取精华，又努力以春雨润物的方式打动民众的心，打动士兵的心，因此在他的诗歌当中，在激昂中蕴积着温存，幽默里发人深省。

北京人民艺术剧院老院长、著名剧作家刘锦云同志发言道：

肃老对我们的启示就是在文艺的行当中，各个行当无所不涉猎，从戏剧到歌词，一直到电视艺术，一直到电视晚会。我长期在农村，用我们农村的话来说，他是广种而多收，种的面积很大，同时单位面积产量又很高，所以是堪称劳动模范。理论上的分析和探讨，我在这里就不多说了，就是向肃老学习，要学习他对生活的热爱，对艺术的执着，对艺术各个门类的探求及有很高超的造诣和建树。

朋友们经常在下边议论肃老的创作，肃老的活动，有时候就说出一种阎肃现象，我就把大家的议论呢，归纳了这么几句，加以概括：歌剧泰斗，一代词宗，军地两用，价廉物美，大树常青。谢谢！

中国音乐家协会副主席、中国铁路文工团副团长孟卫东发言说：

我总结了阎老四个方面，这四个方面呢，我说第一阎老有思想，第二阎老有学问，第三阎老有办法，第四阎老有魅力。

著名的作曲家温中甲说：

阎老确实是知识非常渊博，博学多才，他各个方面领域的事都知道，另外他还熟悉各种各样的资讯，所以他在剧组里边就是一个百科全书，他是一个百宝囊、智多星，有他在剧组，大家就有劲头。

中国国家东方歌舞团著名词作家宋小明同志发言：

送阎老一首打油诗：词坛一棵松，历经夏秋冬，春来发几枝，衔来献阎公。

随后空军政治部文工团著名作曲家羊鸣同志说：他是杂学家，无所不懂，上下五千年，三教九流他都有兴趣去结识。

中国音乐家协会副主席、总政歌舞团著名作曲家印青同志发言：

昨天看了阎老音乐会激动万分，回去以后久久不能平静，回家打开电脑把跟阎老合作作品一起拿出来，我们俩合作26首作品，从《马兰谣》开始，一直到最近那首《将军行》，荡气回肠，总而言之，阎老是我的偶像，是我的目标，谢谢阎老带给我的影响。

北京军区政治部文工团艺术指导王晓岭同志说：

我也写了一首打油诗：德高望重称阎公，老骥伏枥亦顽童。蓝天飞扬将士爱，红梅绽放此生情。雾里看花凭慧眼，风雨同舟铸长城。路在何方在脚下，踏平坎坷大道行。

中国戏剧家协会副主席、总政话剧团团长孟冰发言：这位德艺双馨的老艺术家，一生坚持弘扬主旋律，把许多作品留在了人民心底，拨动了无数听众和观众的心弦，印刻下了人们对一个时代的集体记忆。

武警政治部文艺创作室王树增主任发言：我虽然已经快60岁了，但是在阎肃老师面前，我永远觉得我是一个小字辈，阎肃老师是我的前辈，是我的良师，情丝交汇，相互感知，多年来在老师左右，解读老师的作品与人生，常有顿悟，获益甚多。

我的老师一生笔耕不辍，用一生寻找着心灵的家园，这个家园的万紫千红就是我们为之奋斗的祖国和民族的灿烂前程，春梦无痕，如歌岁月，老师的品德是我们敬重的，老师的艺术成就实现了人生的艺术境界，老师永远是我们人生的楷模，谢谢老师！

最后，老爸也作了发言：

我诚惶诚恐，何德何能，我特怕这个事，因为没办法，我还是服从，我仔细想了想，其实是时代造就了，跟时代走就是了。我总结我自己，我有三点吧，第一点我是忠，我忠于这个时代，忠于我们这个民族，这个国家，这个党，因为我旧社会待了20年，我有一个很深切的对比，非得这么做不可，因此我一直是忠实于这个时代，这个体制，这是真的，舍此我还真没有安身立命的地方，这是真心话。

第二我是诚，以诚对待我面对的一切，对待生活，对待这些朋友，在座的每一个人都是我很尊重的人，都是我心目当中很有大分量的人。正因为这个诚呢，大家伙也挺喜欢我，仅此而已。包括对我们的部队整个都诚。为什么那么诚呢？因为我爱这个时代，大的时代我都经过了，波澜壮阔，洪流滚滚，我在里边裹挟着就这么走过来的，80年也好，60年也好，时代教育了我，培养了我，还净碰上好事，我要不在部队又不一样。我说实话，部队有组织性、纪律性，管着你，管得挺严，这个我也如鱼得水。

我没想到诸位还如此溢美之词，我战战兢兢，我就是做点儿应该做的事情，做得还不太好，只是努力去做。但是你说什么事想把它做好也不那么容易的，但是我确实是一颗诚心，一颗诚心地对待生活，我总结我自己就这么三句话吧：第一身体好，第二身体好能干活，第三身体好能干活听招呼，能做到这三条，就好办了。有句话一直是作为我生活的准则，得意时不要凌驾

于组织之上，失意时不要游离于组织之外。你是组织中的一员，不管在部队还是在党，或者在任何一个集体，它都是一个组织管着你，我只是努力在里面做我自己应该做的，把它尽量做得好而已，努力做到问心无愧而已，也就是这个。

这次因为空军领导，部队的领导，包括一些中央的领导同志十分关切，包括文化部的领导同志，我特别不安，我觉得我做了一些应该做，还没做太好的事情，但是我有一条，我尊重一切劳动，尊重一切人，不管他的职务是什么，多高，我都是尊重。我这里面有一首词：我还是我，我觉得是我心灵的一个写照。我还是我，我觉得我没有什么特别的，是时代造就我，这个我心里非常明白，都是因为这伟大的时代，波澜壮阔的时代，而且我想努力跟着时代一起同步，我很怕被这个飞速前进的时代扔出去，所以我很快乐，正因为如此，所以我一直是比较快乐的。

能做到快乐也不容易，一定不较劲，这个随着年龄的增长呢，有点儿好处，到了这岁数不较劲了，不跟别人较劲，也不跟自己较劲，我一切都努力地去尽我所能去做，就是了。我还是本着我自己原来那个做的继续做下去，我努力，每天都是个新的，我感到挺新鲜，每天早晨起来我都是生机勃勃，我觉得挺愉快，挺快乐。这一阵子组织上宣传我，有点儿惴惴不安的，跟火上烤似的，但我现在还是希望能平静地迎接这一切。

再一句话感谢组织，感谢领导，感谢诸位老师，谢谢！

尾声——

老爸说，人和人之间都是个"缘"字。

记得有一年因为我的什么事让老爸操心，我回家跟他说："爸，我的事让您费心了。"

老爷子看看我说："都是缘分。"

晚上，我陪着他和妈妈看电视，正看着，老爸突然冒出一句话来："你小子真是和我年轻时一模一样。"

阎肃精彩人生感悟

- 80年路漫漫，60载修远兮。千言万语从哪里说起呢？此时此刻，我最真实的感受、最想说的是8个字："感恩！感激！感谢！感悟！"

- 现在，我已经是一名老兵了，军装一穿60年，"廉颇老矣，壮心犹在"。只要我还有一口气，就要拼命为部队服好务！

- 我极少用愤怒和忧愁的情绪对待世间事，事情横着来，我就顺着想，什么难事都可以过去。

- 得意时不能凌驾于组织之上，失意时不要游离于组织之外。

- "生活三手"：对上不伸手，周围拉紧手，工作有一手。

- 要想甜，加点盐。生活不会亏待任何一个人，也不会对哪个人过分地眷顾。今天你吃了一斤糖，没准明天就有一斤黄连等着你去吞，到最后什么味道都抵消了，你的面前还是一碗白开水，这就是生活的辩证法。

- 永远要有一颗童心。每个人在历史长河中，不管你活多大，在天地之间都是一个孩子。岁月你是挡不住的，生命规律不可抗衡，但你的心可以永远年轻。

- 风风雨雨岂能尽如人意，真真实实但求无愧我心。

- 得之淡然，失之泰然，顺其自然，争其必然。